Democracia surgente

Adriana Cavarero

Democracia surgente

Notas sobre el pensamiento político de Hannah Arendt

Traducción de
STEFANIA FANTAUZZI
PERE PUIG

Herder

Título original: Democrazia sorgiva. Note sul pensiero politico di Hannah Arendt
Traducción: Stefania Fantauzzi y Pere Puig
Diseño de la cubierta: Gabriel Nunes

© 2019, Adriana Cavarero. *Original publicado por Raffaello Cortina, Milán*
© 2022, Herder Editorial, S.L., Barcelona

ISBN: 978-84-254-4801-0

Imprenta: Sagràfic
Depósito legal: B-16.177-2022

Printed in Spain – Impreso en España

Herder
www.herdereditorial.com

Índice

… se trata de ejercicios de pensamiento político, tal como surge de la realidad de los incidentes políticos…

H. ARENDT, *Entre el pasado y el futuro*

Cuarteto
Democracia surgente

La idea de democracia

Los antiguos griegos, cuando hablaban de democracia, «pensaban en una plaza o bien en una asamblea en la cual los ciudadanos eran llamados para tomar por sí mismos las decisiones que les concernían»,[1] escribe Norberto Bobbio. En su simplicidad, esta es la imagen que nutre aún nuestra idea básica de democracia. Para simplificar el tema, podríamos recurrir al término «democracia directa». Pero entonces corremos el riesgo de hacer de la democracia no una idea —un esquema, una visión mental, el cuadro de un concepto—, sino una forma precisa de gobierno o bien, para decirlo con el léxico político moderno, un cierto tipo de régimen político ante todo distinto del de la «democracia representativa». La idea de democracia, como la entendemos aquí, se escapa del entramado de estas clasificaciones. No se acaba ni en un modelo de gobierno caracterizado por un conjunto de principios, reglas y procedimientos, ni en un sistema de valores. Pertenece, más bien, a la fenomenología de las experiencias políticas y, de modo más preciso, si insistimos en la imagen de la *polis*, a aquella particular experiencia política de la Antigüedad que se centraba en com-

1. N. Bobbio, «La democrazia dei moderni paragonata a quella degli antichi (e a quella dei posteri)», *Teoria Politica* 3 (1987), p. 4.

partir materialmente un espacio común —la célebre *ágora*—
en el cual los individuos libres interactuaban como iguales. En
este sentido, antes aún que una forma de gobierno, nacida en
Grecia y reaparecida después en distintas variantes históricas
hasta incorporarse en la democracia representativa de la época
contemporánea, la palabra «democracia» evoca una cierta disposición espacial, un plano horizontal para la interacción entre iguales. Para decirlo con el vocabulario de Hannah Arendt,
un espacio común de aparición recíproca donde una pluralidad de seres únicos actúan concertadamente.

Arendt no ha sido citada aquí por casualidad. No solo porque sus textos aún conservan hoy en día toda la extraordinaria
característica de interpelar a cualquiera que se pregunte acerca
de los problemas políticos urgentes, hasta el punto de que se ha
difundido «la extraña impresión de que las obras de Arendt
hablan directamente de acontecimientos que nos conciernen»,[2]
sino principalmente porque la referencia a los textos arendtianos es frecuente por parte de numerosos autores de nuestro
tiempo que se interrogan precisamente acerca de la idea de
democracia para hallar su sentido en algunos de los acontecimientos del presente. Es decir, que intentan sustraer la palabra
«democracia» de su molesta generalidad y tratan de captar el
núcleo conceptual de la «verdadera democracia».[3] Esto vale,
en primer lugar, para la versión de la «democracia radical»
propuesta por Judith Butler, pero también para la noción de
«democracia anárquica» sobre la cual reflexiona Jacques Rancière, o bien para el concepto de «democracia insurgente»
elaborado por Miguel Abensour,[4] el cual involucra también

2. A.-E. Hyvonen y C. Barbour, «In the present tense: Contemporary
engagements with Hannah Arendt», *Philosophy Today* 62/2 (2018), p. 301.
3. M. Abensour, *La democracia contra el Estado*, Madrid, Libros de la
Catarata, 2017, p. 163.
4. Me refiero especialmente a J. Butler, *Cuerpos aliados y lucha polí-*

en su argumentación a la «democracia salvaje» de Claude Lefort. Propenso a confrontarse con Arendt de modo particularmente fructífero, Lefort puede considerarse como el principal autor a partir del cual empieza este variado filón teórico caracterizado por el empeño en radicalizar la idea de democracia pensándola en términos de conflictividad permanente y campo de lucha.[5] En Francia especialmente, este filón se presenta no solo variopinto, sino además bien arraigado, contando también con el proyecto de «democratización de la democracia» de Étienne Balibar o con el concepto antagonista de democracia propuesto por Chantal Mouffe.[6] Sin querer detallar aquí el pensamiento complejo y diversamente articulado de estos autores, vale la pena subrayar su necesidad de añadir un adjetivo al sustantivo «democracia», calificándola como radical, anárquica, insurgente, salvaje, antagonista. Como indica Abensour, «la falta de caracterización de la democra-

---

tíca. Hacia una teoría performativa de la asamblea, Barcelona, Paidós, 2017; J. Rancière, El odio a la democracia, Buenos Aires-Madrid, Amorrortu, 2007; M. Abensour, La democracia contra el Estado, op. cit. De Abensour véase también Hannah Arendt contre la philosophie politique?, París, Sens & Tonka, 2006.

    5. Véase el ensayo de Abensour «Democracia salvaje y principio de anarquía», Por una filosofía política crítica. Ensayos, Barcelona, Anthropos, 2007. Véase también C. Lefort, Essais sur le politique, París, Seuil, 1986, donde hay un capítulo dedicado a Arendt: «Hannah Arendt et la question du politique».

    6. É. Balibar, Ciudadanía, Buenos Aires, Adriana Hidalgo, 2014, p. 15; C. Mouffe, En torno a lo político, Buenos Aires, FCE, 2007. Véase también M. Breaugh, C. Holman, R. Magnusson, P. Mazzocchi, D. Penner (eds.), Thinking Radical Democracy. The Return to Politics in Post-War France, Toronto, University of Toronto Press, 2015. A propósito de una versión original del concepto de «democracia antagonista», véase, en el contexto estadounidense, B. Honig, Emergency Politics. Paradox, Law, Democracy, Princeton, Princeton University Press, 2009.

cia hace que esta corra el riesgo de perder toda imagen que la haga reconocible, y de verse arrastrada hacia la zona gris de la banalización universal. En el lenguaje cotidiano de nuestra sociedad, ¿no es constantemente confundida con el Estado y con el gobierno representativo?».[7]

De un modo más general, la necesidad del adjetivo indica la dificultad de hablar de democracia, tanto hoy como en el pasado, sin correr el riesgo de que la palabra designe inmediatamente una forma de gobierno, un régimen político, un cierto orden institucional, incluso un estilo de vida o una organización social. También el lenguaje político ordinario tiende, por otra parte, a adjetivar la democracia definiéndola, dependiendo de los casos, como representativa, liberal, parlamentaria, popular, electoral, formal, real o incluso de otros modos. Arendt, en cambio, utiliza raramente el término «democracia» y, aunque exalte la Atenas democrática de Pericles como cuna de aquella experiencia de la interacción plural que ella identifica como la noción auténtica y originaria de política, evita recurrir tanto a la palabra «democracia» como, aún con más motivo, a la expresión «democracia directa». Sí que recurre, en todo caso —en textos menores y con un claro intento de simplificación—, a la expresión «democracia participativa», poniéndola entre comillas.[8] En efecto, la que hemos denominado aquí como «idea de democracia», en el lenguaje arendtiano se corresponde directamente con la idea de política o, mejor aún, con «un concepto puro de la realidad política».[9] No se trata solamente de cuestiones de léxico, aunque estas, obviamente, cuentan. Se trata también de entender por qué muchos de los

7. M. Abensour, *La democracia contra el Estado*, op. cit., p. 37.

8. H. Arendt, «Sobre la violencia», *Crisis de la república*, Madrid, Trotta, 2015, p. 93.

9. La expresión aparece en la carta del 4 marzo 1951 de Arendt a Jaspers (H. Arendt y K. Jaspers, *Briefwechsel*, Múnich, Piper, 1987).

autores que se empeñan actualmente en radicalizar la idea de democracia hacen referencia a Arendt, cuando ella misma evita usar incluso hasta el mismo término. La cita por extenso de un fragmento arendtiano puede arrojar luz a esta particular paradoja. En *Sobre la revolución*, podemos leer:

> La consideración de la libertad como fenómeno político fue contemporánea del nacimiento de las ciudades-estado griegas. Desde Heródoto, se concibió a estas como una forma de organización política en la que los ciudadanos convivían al margen de todo poder, sin una división entre gobernantes y gobernados. Esta idea de ausencia de poder se expresó con el vocablo *isonomía*, cuya característica más notable entre las diferentes formas de gobierno, según fueron enunciadas por lo antiguos, consistía en que la idea de poder (la «arquía» de ἄρχειν en la monarquía y la oligarquía, o la «cracia» de κρατειν en la democracia) estaba totalmente ausente de ella. La polis era considerada como una isonomía, no como una democracia. La palabra «democracia» que incluso entonces expresaba el gobierno de la mayoría, el gobierno de los muchos, fue acuñada originalmente por quienes se oponían a la isonomía, cuyo argumento era el siguiente: la pretendida ausencia de poder es, en realidad, otra clase del mismo: es la peor forma de gobierno, el gobierno por el demos.[10]

Es importante notar la insistencia en lo que se refiere a la ausencia de gobierno. Es precisamente esta ausencia de la división entre gobernantes y gobernados lo que caracteriza aquello que los griegos llamaban isonomía y que Arendt, en cambio, a lo largo de su obra, llamaba política, entendiéndola como espacio compartido de interacción entre iguales. Para ella, el tér-

10.   H. Arendt, *Sobre la revolución*, Madrid, Alianza, 2004, p. 38.

mino «gobierno» *(rule)* tiene un significado negativo, hasta el punto de que a menudo lo utiliza como sinónimo de «dominio» *(domination, Herrschaft)*, es decir, como un sistema en el cual algunos mandan y otros son mandados. Arendt no duda en definir «las luchas por el poder, donde lo que está en juego, por encima de todo, es la cuestión de quién gobierna sobre quién»,[11] aquello que la tradición occidental, a partir de Platón, llama en cambio —y según ella, indebidamente— política. La palabra «política», tal como es usada en la tradición para referirse al problema del gobierno o del poder, para Arendt es indebida y falsa en la medida en que esconde precisamente la experiencia originaria de la *polis* y la suplanta, mortificando de este modo el auténtico espíritu político del ciudadano griego que no quería «ni gobernar ni ser gobernado».[12] Según la visión arendtiana, cuando está en juego quién manda y quién es mandado, quién gobierna y quién es gobernado no hay política: y esto explica por qué cuando Arendt habla de política en un sentido estricto evita utilizar la palabra «democracia». Pero explica también por qué su peculiar acepción de «política» no puede no interesar a todos los que se empeñan actualmente en valorizar la idea de democracia, adjetivándola como radical, anárquica, insurgente, salvaje o antagonista. Lo que estos autores aprecian de la perspectiva arendtiana es, efectivamente, la exaltación de un cierto tipo de experiencia política que se presenta como antitética respecto a cualquier concepción vertical o jerárquica de poder y que se caracteriza, por el contrario, como un poder difuso, participativo y relacional, compartido en el mismo nivel, es más, constituido por una pluralidad de actores, los cuales son iguales justamente porque comparten

11. H. Arendt, «Karl Marx y la tradición del pensamiento político occidental», *Pensar sin asideros. Ensayos de comprensión 1953-1975*, vol. I, Barcelona, Página Indómita, 2019, p. 82.

12. *Id.*, *Sobre la revolución, op. cit.*, nota 10, p. 38.

horizontalmente este espacio. No es casualidad, además, que la idea arendtiana de política insista sobre todo en una dimensión espacial, sin poner ningún énfasis particular en el tema de la autodeterminación, que, en cambio, aparece en la definición de Bobbio citada al principio. La política, escribe Arendt, implica una pluralidad de actores al mismo tiempo iguales y distintos, y nace entre «*los* hombres en cuanto se mueven en el ámbito entre ellos»,[13] «la política surge en el *entre* y se establece como relación».[14] Precisamente este «entre», este *in-between* que constituye un espacio físico de participación —espacio cuyo fin consiste en poner en relación y hacer aparecer a los presentes los unos ante los otros, pero dejándolos distintos de modo que no se confundan en una masa unitaria— es aquello que los griegos han «descubierto». Arendt añade que este descubrimiento «de la esencia y del ámbito de lo "político"»[15] no tenía que ver solo con una experiencia ligada al escenario del *ágora*, sino que se traducía y se concretizaba en un verdadero y propio tipo de vida, el *bios politikos*, un modo peculiar de existencia que realizaba al máximo grado la condición humana de la pluralidad. Para ella, en las experiencias originariamente políticas del mundo griego, y por lo tanto en la política correctamente entendida, está en juego lo humano, una modalidad de interacción en un espacio público, en la que los seres humanos se muestran únicos e iniciadores, «de la cual no pueden abstenerse sin perder su humanidad».[16] El tono, como a veces ha sido señalado por los intérpretes, suena un poco enfático. Pero es necesario no olvidar el dramático contexto histórico en el cual la escritura arendtiana se configura: es a

13. H. Arendt, *Diario filosófico (1950-1973)*, Barcelona, Herder, 2006, p. 171.
14. *Id.*, *Qué es la política*, Barcelona Paidós, 1997, p. 46.
15. *Id.*, *Entre el pasado y el futuro*, Barcelona, Península, 1996, p. 166.
16. *Id.*, *La condición humana*, Barcelona, Paidós, 1993, p. 189.

partir de la catástrofe totalitaria, que trató en *Los orígenes del totalitarismo*, que Arendt vuelve a pensar la política y, con ella, la condición humana que constituye el centro de su libro homónimo. El mundo griego, al cual dirige su mirada para llevar a cabo su cometido, para ella es sobre todo un modelo imaginario sobre el que proyecta sus reflexiones, es decir, un laboratorio del pensamiento para encontrar un concepto puro de política que se oponga frontalmente al abismo de la deshumanización totalitaria y, por consiguiente, a la larga tradición política, también esta nacida en Grecia, que no ha impedido que Occidente se precipite en este abismo.

Para Arendt también es de matriz griega, como ya ha sido recordado, aquella tradición filosófica que concibe la política como lucha por el poder o elección del mejor régimen de gobierno y se compromete a construir modelos de dominio con la finalidad de imponer orden y estabilidad. A pesar de sus distintas variaciones, se trata de la tradición que llega hasta nosotros y que aún impregna nuestro lenguaje político incluso después de haberse asomado, a mitad del siglo XX, al borde del abismo de los regímenes totalitarios. Contra esta tradición y contra Platón, que la inaugura, Arendt lanza la acusación de haber oscurecido la genuina experiencia de la *polis*, arraigada en la condición humana de la pluralidad, reemplazándola por una noción de política entendida como técnica para gobernar a los hombres y administrar sus intereses. Ser libres en la *polis*, como Arendt no se cansa de reafirmar, significaba que «ser libre era serlo de la desigualdad presente en la gobernación y moverse en una esfera en la que no existían gobernantes ni gobernados».[17] Es decir, significaba concebir la política en los términos de una experiencia participativa, paritaria y plural, del todo incompatible con el esquema de organización jerár-

17. H. Arendt, *La condición humana*, op. cit., p. 45.

quica y vertical del mando, fuese este el mando de uno solo, de algunos o de muchos, según la clásica tipología de las formas de gobierno que aún llamamos monarquía, oligarquía y democracia. O, aún peor, fuese este el mando del amo sobre mujeres y esclavos en el ámbito doméstico.

Con la tradición inaugurada por Platón, sostiene Arendt, la idea originaria de política, juntamente con la experiencia de la *polis* que la había generado, desaparece del mundo de los «asuntos humanos» y es reemplazada y arrollada por las doctrinas políticas del gobierno. Sin embargo, no desaparece del todo de un modo determinante, según ella, sino que se conserva como «un tesoro escondido» listo para ser «redescubierto» en ciertas ocasiones propicias, entre las cuales, en la modernidad, sobresale el fenómeno de la revolución. En contraste con las interpretaciones canónicas, Arendt argumenta que uno de los aspectos más importantes de las revoluciones del siglo XVIII, en la Revolución estadounidense en particular, ha sido el redescubrimiento de la experiencia política como interacción plural en un espacio público compartido. «La historia de las revoluciones —desde el verano de 1776 en Filadelfia y el verano de 1789 en París hasta el otoño de 1956 en Budapest—, que políticamente explica la historia recóndita de la época moderna», escribe Arendt, «se puede narrar bajo la forma de una parábola, como el cuento en el que un tesoro de la edad dorada, bajo las circunstancias más diversas aparece abrupta e inesperadamente y desaparece otra vez, en distintas condiciones misteriosas, como si se tratara de un espejismo».[18]

Por más que los acontecimientos de la revolución hayan sido provocados por el movimiento violento e insurreccional que caracteriza el proceso de *liberación*, argumenta Arendt, los revolucionarios del siglo XVIII, encontrándose en sus asambleas

---

18. H. Arendt, *Entre el pasado y el futuro, op. cit.*, p. 10.

y en otros espacios compartidos de actuación, han podido redescubrir el gusto antiguo de la *libertad*. Arendt no duda en señalar como digno de destacar el hecho de que «ha brillado por su ausencia de la mentes de quienes hicieron las revoluciones y de quienes las contemplaban y trataban de llegar a un arreglo con ellas, la profunda preocupación por las formas de gobierno tan características de la Revolución estadounidense e incluso presente en las primeras etapas de la Revolución francesa».[19] Y por otro lado resalta que el redescubrimiento de la política por parte de los revolucionarios, como una especie de paradigma renovado de lo político, se ha podido repetir en épocas sucesivas. Esto ha sucedido, como explica Simona Forti, por medio de posteriores «epifanías [...] que abren brecha en los acontecimientos de la estatalidad moderna, o que sobreviven en sus márgenes»; entre estos: la Comuna de París de 1871, los sóviets de 1917, la democracia de los consejos alemana de 1918, la revolución húngara y la desobediencia civil norteamericana de los años sesenta.[20] Si hay un nexo absolutamente moderno entre el redescubrimiento de la política y la revolución, este aparece en algunos de los momentos más significativos y, para decirlo de algún modo, estructuralmente insurreccionales, resistentes y protestatarios, de la modernidad.

Que un apasionado estudioso de Arendt como Miguel Abensour pueda hablar de *Democracia contra el Estado* y proponer la categoría de «democracia insurgente» no suscita ninguna sorpresa. Pero queda la sospecha de que la imagen de una democracia en continua efervescencia, en cuyo centro estaría «el desorden fraternal contra el poder de los jefes, en fin, la no dominación, un vínculo político no coercitivo, igualitario

19. H. Arendt, *Sobre la revolución, op. cit.*, p. 74.
20. S. Forti, «Introduzione», en AA. VV., *Hannah Arendt*, Milán, Bruno Mondadori, 1999, p. XXIV; de la misma autora véase también *Hannah Arendt fra filosofia e politica*, Milán, Bruno Mondadori, 2006, p. 222.

contra el orden»,[21] se adapta solo hasta cierto punto a la visión arendtiana de lo político. Y sobre todo queda la sospecha de que la distinción neta, propuesta por Arendt, entre el movimiento a menudo violento del proceso de liberación y el carácter absolutamente no violento de la experiencia de la libertad no se pueda eliminar fácilmente. Vale la pena recordar que, según Arendt, «políticamente hablando», poder y violencia son tan opuestos que «hablar de un poder no violento constituye, en realidad, una redundancia».[22] «Poder corresponde a la capacidad humana, no simplemente para actuar, sino para actuar concertadamente. El poder nunca es propiedad de un individuo; pertenece a un grupo y sigue existiendo mientras el grupo se mantenga unido».[23] Dicho de otro modo, el poder político no es el residuo o el producto de un eventual movimiento de insurgencia, sino que es inmanente al espacio compartido de su actualización, coextensivo a su origen plural. Dicho de un modo aún más drástico, Arendt no entiende en absoluto el poder en términos de lucha, y ni tan siquiera de contraste y oposición. El suyo no es un modelo *contra* el gobierno, cualquiera que sea su forma, que obviamente muestra su degeneración peor en el régimen totalitario. Más bien se trata de un modelo *alternativo* a la política modelada en el gobierno, otra idea de política respecto a aquella fundada sobre el gobierno, respecto a la cual se presenta como resistente pero no como constitutivamente y, para decirlo de algún modo, vitalmente subversiva. Lo cual significa que la dimensión de la insurgencia, con todo el envoltorio de lucha y violencia que el imaginario revolucionario conlleva, está decididamente fuera del cuadro que Arendt considera como el concepto puro de

21. M. Abensour, *La democracia contra el Estado, op. cit.*, p. 40.
22. H. Arendt, «Sobre la violencia», *op. cit.*, p. 118.
23. *Ibid.*, p. 109.

política. Un cuadro al que no solo a duras penas le cuesta contener la noción de «democracia insurgente» propuesta por Abensour, sino que rechaza decididamente cualquier visión de aquellas «multitudes insurgentes», actualmente evocadas con frecuencia, cuyo objetivo trascendente consistiría en la destrucción del orden imperial globalizado.[24]

La cuestión es crucial porque nos permite poner en evidencia cómo la frecuente referencia a Arendt por parte de autores que se esfuerzan hoy en día en radicalizar la idea de democracia se caracteriza muy a menudo por una ambigüedad esencial que no hace justicia a la originalidad del pensamiento político arendtiano. En este sentido, es emblemática la posición de Claude Lefort. Este, por un lado, evocando un tema exquisitamente arendtiano, contrapone la «invención democrática» al «dominio totalitario», entendiendo la democracia como aquel núcleo revolucionario y salvaje de la política «que vive de una continua rediscusión de los propios presupuestos y que se traiciona a sí misma en el momento en que se estructura definitivamente en un sistema político».[25] Por otro lado, insiste en definir la democracia misma como un «régimen de la indeterminación» que, revitalizando la división primaria entre aquellos que quieren dominar y aquellos que no quieren ser dominados, entre los opresores y los oprimidos, reactiva perpetuamente

---

24. El concepto de multitud se encuentra en el centro de las obras de M. Hardt y A. Negri, *Imperio*, Barcelona, Paidós, 2007, y *Multitud. Guerra y democracia en la era del Imperio*, Barcelona, Debate, 2004. Vale la pena recordar que en su «Postfazione» a la traducción italiana del libro de Abensour, *Hannah Arendt contre la philosophie politique* (trad. it.: *Hannah Arendt contro la filosofia politica*, op. cit., p. 171), Mario Pezzella escribe: «Arendt, tal como la lee Abensour, aparece como la pensadora de una multitud insurgente y radical».

25. S. Forti, *El totalitarismo: trayectoria de una idea límite*, Barcelona, Herder, 2008, pp. 164-165.

el conflicto presentándose como una inagotable reserva de desorden y de efervescencia libertaria. De un modo poco arendtiano, el acento de Lefort incide en la democracia como una contestación permanente, como un perenne e indomable campo de lucha y de reivindicación.[26] De alguna manera, aunque nunca de modo explícito, la «democracia anárquica» descrita por Jacques Rancière parece estar cerca del cuadro arendtiano. Rancière, llevando hasta el extremo el principio de la ausencia de gobierno *(arché)*, identifica la democracia misma con el principio escandaloso del «gobierno de cualquiera», ejemplificado por el «azar» con el que en Atenas se elegían los distintos cargos mediante el «sorteo, que es el procedimiento democrático por el cual un pueblo de iguales decide la distribución de lugares».[27] Igual que Arendt, Rancière hace una crítica severa a Platón, pues ve en la obra del gran filósofo, creador de modelos políticos que confían el gobierno a una oligarquía de expertos, el odio de la élite por la democracia que «apunta a la intolerable condición igualitaria de la desigualdad», es decir, el odio por aquella «indistinción primaria entre gobernante y gobernado» que, según Rancière, constituye el indispensable, y justamente intolerable, fundamento de lo político.[28] Más que en la democracia como espacio compartido de la interacción, Rancière está interesado en el igualitarismo absoluto que la idea de democracia puede inspirar. Más que a

---

26. C. Lefort, «La communication démocratique», coloquio con P. Thibaud en *Esprit* (sept.-oct., 1979), p. 34; *id.*, *Essais sur le politique, op. cit.*, primera parte: «Sur la démocratie moderne». A propósito de Lefort, véase sobre todo el ensayo de M. Abensour «Democracia salvaje y principio de anarquía», *op. cit.*, con el ensayo de B. Nelson «Lefort, Abensour and the Question: What is «savage» democracy», *Philosophy and Social Criticism*, 2019, pp. 1-8.

27. J. Rancière, *El odio a la democracia, op. cit.*, p. 62.

28. *Ibid.*, p. 34.

la pluralidad interactiva, como condición y fuente del poder repartido entre iguales y distintos, está interesado en un uso crítico y subversivo de la categoría, postulada por él como originaria y fundacional, de igualdad en cuanto «reivindicación de horizontalidad radical».[29] Además, insurgencia e igualdad, sobre todo si se asumen como elementos constitutivos de lo político, con toda evidencia son categorías más marxistas que arendtianas. Conciliar a Marx con Arendt es una empresa muy ardua, tanto más si se tiene en cuenta la compleja interpretación crítica que la misma Arendt dedica a Marx.[30] Aunque muchos de los autores contemporáneos citados más arriba se aventuren precisamente en este tipo de empresas, la gramática revolucionaria de la justicia y de la igualdad social, de las masas insurgentes y la lucha por la emancipación, de la «violencia creadora» que rescata a los oprimidos y de la contestación perenne es sustancialmente incompatible con el concepto arendtiano de política. O, si se quiere, pone en evidencia sus límites.

Aún así, la insistencia de Arendt en la surgencia plural del poder —que genera, alimenta y delimita el espacio de la interacción, caracterizándola como absolutamente no violenta— continúa apareciendo hoy en día como un elemento irrenunciable para el cometido de interpelar a la democracia. Así como continúa apareciendo irrenunciable su énfasis sobre la «pura facultad de ser libres» como fuente *(source)* de toda actividad

29. Esta expresión aparece en un artículo de Rancière para la revista semanal *L'Espresso* (26 de marzo de 2019) titulado, significativamente, «Gilet gialli, le ragioni della rivolta». Para profundizar la posición de Rancière y el elemento subversivo de su reflexión, véase C. Woodford, *Disorienting Democracy. Politics of Emancipation,* Londres, Routledge, 2016.

30. H. Arendt, «Karl Marx y la tradición del pensamiento político occidental», *op. cit.* Véase también el ensayo de S. Forti, «Hannah Arendt lettrice di Karl Marx», *Karl Marx e la tradizione del pensiero politico occidentale*, Milán, Raffaello Cortina, 2015, pp. 7-31.

humana,[31] una fuente que encuentra su lugar de regeneración justamente en el ámbito de la interacción política. Revisitando la idea arendtiana de política con una cierta ausencia de prejuicios, quizás podríamos denominarla «democracia surgente». Hay motivos fundamentados para proponer esta expresión, prefiriéndola a otras. Mientras el concepto de «democracia insurgente» evoca energías vitales, efervescentes e impetuosas, que tienden a expresarse mediante el conflicto y la lucha antagonista, el concepto de «democracia surgente» al menos tiene la virtud, toda ella arendtiana, de ensalzar el aspecto generativo en lugar del opositor a la interacción plural. También se podría decir, simplemente, que la democracia surgente evita, antes que nada, fundarse en su ser *en contra*, es decir que se propone esencialmente como afirmativa en vez de negativa. O bien que se forma a partir de un imaginario político alternativo no solo respecto al modelo de gobierno, sino también respecto al imaginario político, arriba mencionado, que entiende la democracia como «movimiento» y «campo de lucha», teatro de una negatividad vital, subversiva y contrastiva. A esto se añade, como admite Abensour, que el término «insurgencia» está extremadamente ligado, y no solo etimológicamente, al de «insurrección».[32] El étimo que comparten viene del latín *surgere*, que en su forma *insurgere* acentúa el significado de «levantarse», «alzarse contra»: de aquí deriva la acepción, tal como viene en los diccionarios, de «insurrección» como «levantarse en armas contra». Sintomáticamente, *surgere* tiene también otro significado, bastante menos vertical y belicoso: el de «surgir», «brotar», «nacer», como se dice, por ejemplo, de la «surgencia» de un río, o de un manantial. Y como se dice de algo que es «surgente», porque justamente surge, brota, nace, mana.

---

31. H. Arendt, *Entre el pasado y el futuro*, *op. cit.*, pp. 181-182.
32. M. Abensour, *La democracia contra el Estado*, *op. cit.*, pp. 40 y 41.

En la reconsideración de la idea arendtiana de política, el adjetivo «surgente» trata de poner el acento en una experiencia de la democracia en estado germinal y germinativo, inicial y espontáneo, naciente. Casi como si este estado naciente —este estado generativo y creativo de lo político— estuviese en el origen de la idea misma de democracia. O casi como si la democracia surgente fuese la base conceptual para medir las distintas formas de acción política a las cuales aplicamos el nombre de democracia.

Revisar de nuevo la idea arendtiana de política para reconfigurarla como democracia surgente es una operación que resulta particularmente coherente con una cierta actitud crítica de Arendt respecto a la democracia de los modernos, que, según ella, tendría el defecto de privilegiar la cuestión social. Basta decir que la forma pura de política, a la cual Arendt apela, relega a la esfera privada el tema del trabajo y todas las problemáticas inherentes a este, *in primis* aquellas relacionadas a la necesidad de la vida biológica. Es precisamente en estos términos que Arendt configura su lectura crítica de Marx, acusándolo de haber ennoblecido el trabajo hasta el punto de convertirlo en el fundamento de la política.[33] Es en términos no muy distintos a este que Arendt critica el liberalismo, cuya filosofía tendría la culpa, según ella, de afirmar que «la política debe ocuparse casi únicamente en conservar la vida y salvaguardar los intereses», o sea, ocuparse de «la gigantesca y siempre creciente esfera de la vida social y económica, cuya administración proyectó su sombra en el espacio político desde el principio mismo de la Edad Moderna».[34] Los intérpretes de Arendt tienen que acostumbrarse a su posición anómala, original e incómoda: tenerla

33. H. Arendt, «Karl Marx y la tradición del pensamiento político occidental», *op. cit.*, pp. 60-63.
34. *Id.*, *Entre el pasado y el futuro, op. cit.*, p. 168.

en cuenta significa tener en cuenta esta acepción, pura e inactual, en un cierto sentido, de lo político. El poder político, lejos de ser un medio, según ella es un fin en sí mismo, y existe solamente en su actualidad. Dicho de otro modo, Arendt otorga decididamente a la esfera política un estatuto autónomo, distinguiendo ante todo el ámbito de «lo político» del ámbito de «lo social» y, con mayor razón, del de «lo económico». De aquí se puede extrapolar la gran distancia que la separa tanto de la visión marxista como de la liberal o neoliberal. Según Sheldon Wolin, esto explicaría más todavía el recelo arendtiano respecto al término «democracia»: no solamente porque en la modernidad, como Wolin recuerda, «el impulso de la democracia ha sido el de superar esta distinción», sino porque «históricamente, la democracia ha sido el medio con el cual los muchos han buscado acceso al poder político con la esperanza de que este pudiese ser usado para cambiar su condición económica y social».[35] En otras palabras, la «cuestión social», la aspiración a emanciparse de la pobreza y de la necesidad, está inscrita en la gramática igualitaria en la que se asienta la historia moderna de la democracia. Así pues, es muy evidente la obstinación de Arendt en suprimir la cuestión social de la esfera pública para recuperar un concepto puro de lo político. Su acepción de «política» es definitivamente anómala y original, además de ser, precisamente por esto aunque no solo por esto, muy a menudo criticada y difícil de manipular.

Se ha dicho que el pensamiento de Arendt se funda ampliamente en una visión utópica de la *polis* y que su noción de política tiene aspectos no realistas. El dato que parece que Arendt no quiere tener en cuenta, escribe Pier Paolo Portinaro,

---

35. S. S. Wolin, «Hannah Arendt: Democracy and the political», en L. P. Hinchmann, S. K. Hinchmann (eds.), *Hannah Arendt. Critical Essays*, Albany (NY), SUNY Press, 1994, p. 289.

«está constituido por la conflictividad que acompaña inevitablemente a la condición de pluralidad (y que en el fondo está en el origen de aquel deslizamiento del código de la acción hacia el modelo de gobierno, que ella simplemente interpreta en términos de degeneración política o de alienación de la política)».[36] En realidad, cuando reflexiona sobre el mundo griego que toma como modelo, Arendt no deja de evidenciar la competitividad que lo caracterizaba; al contrario, la subraya. Pero pone el acento sobre la contienda entre iguales como manifestación del espíritu agonístico, como modo para distinguirse y sobresalir, no a partir de un conflicto, incluso violento, que sería la sustancia y el motor de lo político o, para decirlo de algún modo, su principio constitutivo. Es cierto que declarar, como ella hace, que poder político y violencia son fenómenos incompatibles y negar que la conflictividad o la hostilidad son el fundamento de la política puede parecer un gesto teórico poco realista respecto a los cánones de la doctrina política realista. Precisamente el impulso «utópico» de la perspectiva arendtiana, elaborado no por casualidad como resultado de la catástrofe totalitaria, aparece como un elemento de gran interés para quien quiera volver a pensar la política en términos no violentos y afirmativos, es decir, para volver a pensarla más allá no solo de la ferocidad que esta supura a lo largo de la historia, sino también más allá de una cínica aceptación intelectual de esta ferocidad como si fuese insuperable y fundamental. A pesar de que pocos como ella hayan reflexionado sobre la violencia humana y sobre las manifestaciones más inauditas de esta violencia, Arendt no acepta ninguna metafísica de la fuerza ni hace del conflicto un motor para construir

36. P. P. Portinaro, «La politica come cominciamento e la fine della politica», en R. Esposito (ed.), *La politica irrapresentabile. Il pensiero politico di Hannah Arendt*, Urbino, Quattro Venti, 1987, p. 44.

sistemas políticos del orden cuyo objetivo sea administrar sus efectos. Todo lo contrario, denuncia la trágica complicidad con la historia humana de la destrucción por parte de aquellas teorías que, de Hobbes a Weber y otros, equiparan el poder político con la organización de la violencia. Y vitupera el «acuerdo entre todos los teóricos políticos, de la izquierda a la derecha, según el cual la violencia no es sino la más flagrante manifestación del poder».[37]

Quien busque en los textos de Arendt el cinismo indiferente de los realistas encontrará el *pathos* apasionante de los utopistas. Encontrará un imaginario de esperanza para los «asuntos humanos» que no idolatra la destructividad de la crítica y se atreve a hablar de la experiencia política en un espacio público compartido como una experiencia de felicidad.

37. H. Arendt, «Sobre la violencia», *op. cit.*, p. 102.

2

Pluralidad

Estos últimos años, a partir de la victoria de las derechas populistas en Europa y en los Estados Unidos, el libro de Hannah Arendt *Los orígenes del totalitarismo*[1] ha tenido un incremento de ventas excepcional. Tal como ha escrito Zoe Williams en *The Guardian*, en febrero de 2017, estudiosos y periodistas «han citado esta obra desde la elección de Donald Trump en noviembre de 2016, pero no había sucedido nunca que tantas personas fuesen a comprar una copia del libro».[2] En una entrevista del mismo artículo, una atenta estudiosa de Arendt como es Griselda Pollock ha sugerido con acierto que, a la luz del actual viraje populista de las democracias liberales, nuestro interés por los textos arendtianos tendría que dirigirse más bien hacia *La condición humana*. Se podría añadir que esto es particularmente cierto en lo que se refiere al fenómeno del llamado «populismo digital», una versión reciente del populismo en la época de las redes sociales.

Como ponen de relieve prácticamente todos los estudios sobre el tema, es bien conocida la dificultad de dar una defi-

1. H. Arendt, *Los orígenes del totalitarismo*, Madrid, Alianza, 2006.
2. Z. Williams, «Totalitarianism in the age of Trump: Lessons from Hannah Arendt», *The Guardian*, 1 de febrero de 2017.

nición unívoca de «populismo». Sí que existe consenso en el hecho de que un rasgo común del fenómeno populista consista en la convicción de que el pueblo es depositario de una honestidad moral genuina, mientras que los partidos y los profesionales de la política, interesados solamente en el poder y en el beneficio personal, son irremediablemente corruptos. De aquí proviene el constante llamamiento de los líderes populistas a la «virtud» del pueblo contra los «males» del *establishment* político y, más en general, de la élite o, como se acostumbra a decir en Italia (y en España), de la *casta*. Otra característica destacada es que la mentalidad populista tiende a abrazar demandas y valores que son típicos de la derecha: entre estos, refiriéndonos a la actualidad, están las posiciones nacionalistas e identitarias, también llamadas soberanistas, que se nutren de discursos contra la emigración y de sentimientos xenófobos, homófobos y sexistas.[3] A propósito de esto se ha acuñado el término «neopopulismo excluyente», que se tiene que distinguir del «neopopulismo incluyente», que no insistiría en los temas identitarios e incluiría en el «pueblo» también a los emigrantes y a otros «enemigos» típicos del neopopulismo excluyente.[4] Y por otra parte, es conocida «la flexibilidad ideológica y programática [como] una de las características definitorias más importantes del neopopulismo», es decir, su «naturaleza camaleónica»:[5] lejos de ser un principio sólido, y por motivos

3. Véase J. Bartlett, J. Birdwell, M. Letter, *The New Face of Digital Populism*, Londres, Demos, 2012; A. Dal Lago, *Populismo digitale*, Milán, Raffaello Cortina, 2017.

4. Véase P. Graziano, *Neopopulismi*, Bolonia, Il Mulino, 2018, donde se señala a Ernesto Laclau y Chantal Mouffe como teóricos de referencia del populismo inclusivo (pp. 61-76); E. Laclau, *La razón populista*, Madrid, FCE, 2005; C. Mouffe, *Por un populismo de izquierda*, Buenos Aires, Siglo XXI, 2018.

5. P. Graziano, *Neopopulismi, op. cit.*, pp. 75 y 45.

estratégicos contingentes o por alianzas gubernamentales, a la modalidad inclusiva no le cuesta bajar el tono, llegando incluso a mutar en su contrario. Sintomáticamente, es difícil situar la galaxia de los populismos actuales en una clasificación clara y precisa, incluida aquella que comprende la elemental distinción entre la derecha y la izquierda.[6] Esto no quita que el populismo digital en su forma más explícita, aquella que celebra el ambiente comunicativo virtual como sustancia y fundamento de lo político, mantenga un perfil propio peculiar: sobre todo bajo el aspecto de la llamada *e-democracy*, es decir, de la democracia directa en red, de la cual dice que emana funcionando como movimiento a cuya plena realización aspira también en el plano institucional, mediante la «superación» de la democracia representativa.

Un caso específico de populismo digital es el que se dio en Italia, donde el *MoVimento 5 Stelle*, que ascendió al gobierno con la *Lega* en junio de 2018, no tardó en hacer hincapié en la necesidad de superar la democracia representativa para hacer gobernar directamente al pueblo. Actualizando el tradicional tema populista de democracia directa versus democracia representativa, y dirigiéndose al «usuario general de internet como nuevo prototipo del "hombre común" del populismo», el populismo digital insiste, en efecto, en una política participativa en red, entendiéndola como forma de interconexión no intermediada y horizontal, que funciona también como medio de consulta permanente y que aspira a ser calificada como democracia «auténtica», «verdadera» o, incluso, «absoluta».[7]

---

6.   Sin embargo, para un útil intento de clasificación con una amplia bibliografía, véase J. P. Gagnon, E. Beausoleil, K. M. Son, C. Arguelles, P. Chalaye y C. N. Johnson, «What is Populism? Who is the populist?», *Democratic Theory* 5/2 (2018), pp. VI-XXVI.

7.   P. Gebaudo, «Populism 2.0: Social media activism, the generic Internet user and interactive direct democracy», *Social Media. Politics and*

En la organización del *MoVimento 5 Stelle*, gestionada por una plataforma digital llamada, no por casualidad, «piattaforma Rousseau», esta horizontalidad contempla no solamente una conexión directa y en tiempo real entre el pueblo y el líder político, el cual sería de este modo portavoz de la voluntad general, sino también un inquietante poder de decisión del presidente y *webmaster* de la plataforma misma. La pretendida horizontalidad proclamada por el eslogan «uno vale uno», sería de este modo gravemente invalidada.

A pesar de esta y otras complicaciones notables, adaptada a la nueva figura del «pueblo de la web», la vieja retórica de la «voluntad popular» y de su relación inmediata con el líder resurge en la jerga populista contemporánea vía Twitter, Facebook o Instagram. En realidad, el líder asume un rol particular porque el populismo digital apunta hacia un modo de legislar que no pase por el Parlamento, sino más bien por las redes sociales y por el blog. El antiparlamentarismo tradicional de la derecha encuentra un nuevo medio de aplicación. El populismo digital, tal como observa Alessandro Dal Lago, desenterrando una característica típica del peronismo, muestra una tendencia peculiar para hacer coexistir «demandas políticas de derechas y de izquierdas», en el interior de una misma ideología en la que posiciones identitarias, hostiles a los emigrantes y a los gitanos y, más en general, al cosmopolitismo, se mezclan con la decisión de defender a los pobres y a los excluidos, a los jubilados y a los desempleados mediante una redistribución de la riqueza.[8] La flexibilidad ideológica, unida a una cierta «capacidad camaleónica»,[9] saca muy buen prove-

---

the State. Protests, Revolutions, Riots, Crime and Policing in the Age of Facebook, Twitter, and YouTube, Nueva York-Londres, Taylor & Francis, 2014, pp. 67-87.

8. A. Dal Lago, *Populismo digitale*, *op. cit.*, p. 106.
9. P. Graziano, *Neopopulismi*, *op. cit.*, p. 45.

cho. La historia reciente, sobre todo en Italia, ha mostrado de manera ejemplar cómo, por una parte, los populistas digitales no ponen reparos en aliarse con los populismos autoritarios de las derechas soberanistas y cómo, por otra parte, precisamente los actuales líderes populistas son particularmente hábiles en la explotación de las potencialidades propagandísticas y manipulativas de las redes. Si es cierto que hablar hoy en día de populismo y neopopulismo es una empresa muy difícil, lo es también y en particular porque en la era de los *social media* sus múltiples formas se difuminan la una con la otra.

Aun así es fácil hacer notar cómo, no obstante el énfasis continuo sobre el pueblo, entendido sintomáticamente como unidad orgánica y expresión de una voluntad homogénea (que se expresaría como mayoría pero que justifica la purga de quien disiente), es el concepto de individuo, en realidad, el que aquí vuelve a tomar ostensiblemente toda la escena, adaptándose al contexto autoritario. Individualismo, en versión *network*, y neoautoritarismo demagógico van juntos. Por un lado, el individuo atomizado de la modernidad resucita con nuevas características, inscribiéndose en el modelo del así llamado «individualismo en red», es decir, justamente aquel modelo que, según los principios del populismo digital, representaría el elemento constitutivo de la *e-democracy* como auténtica democracia directa. Por otro lado, la tradicional actitud autoritaria del líder populista, explotando la conexión no intermediada con los «followers» o con los «amigos», encuentra en los usuarios de internet un terreno fértil para la manipulación y la desinformación.[10] El líder del populismo contemporáneo tiene los medios eficaces para actualizar, vía web, la conocida estra-

---

10. A. Marwick, R. Lewis, «Media manipulation and disinformation online», *Data and Society*, 2017, https://datasociety.net/library/media-manipulation-and-disinfo-online/

tegia mimética que lo convierte en el «hombre común» del pueblo, es decir, el hombre común que en sede constitucional o mediática se erige como portavoz del pueblo adoptando su lenguaje visceral y predicando abiertamente la intolerancia. Con la posible definición de neoplebe,[11] el pueblo está bajo un estado perenne de excitación, sea por el ininterrumpido flujo comunicativo del líder, que refleja y potencia sus pulsiones, sea por los efectos excitantes de la así llamada *instant democracy*, la cual, solicitando continuamente sondeos o votaciones en red, crea un clima de campaña electoral permanente. A toro pasado se puede afirmar que el esperado y virtuoso matrimonio de internet con la democracia —del cual tanto se hablaba con optimismo hace ya un tiempo— ha traicionado las expectativas y, en cambio, ha acabado generando una peligrosa descendencia que une el énfasis en la cultura participativa en red con las demandas de un renacido filón demagógico, dejando al mismo tiempo que crezcan los típicos frutos populistas del resentimiento y del odio.

Como muchos han entendido, en *Los orígenes del totalitarismo* Arendt ofrece reflexiones preciosas para comprender cómo estos frutos, alimentados y amalgamados en una «amargura centrada en sí misma»,[12] maduran, se difunden y crecen. Por esta y otras razones, su obra maestra sobre el totalitarismo merece toda la atención que recibe hoy en día por parte de un gran número de lectores. Sin embargo, Arendt disemina reflexiones aún más valiosas para comprender los problemas del presente en *La condición humana*, sobre todo allí donde se concentra en el tema de la participación política interactiva y donde, aunque no lo mencione con esta expresión, reflexiona

11. M. Panarari, *Uno non vale uno. Democrazia diretta e altri miti d'oggi*, Venecia, Marsilio, 2018, p. 63.
12. H. Arendt, *Los orígenes del totalitarismo, op. cit.*, p. 261.

sobre la democracia directa, reformulando el concepto de una manera que radicalmente y, para decirlo de algún modo, preventivamente se opone a la noción de democracia directa que el populismo digital propone actualmente en versión *online*. Vale la pena recordar que en *La condición humana* la palabra «democracia» es citada solamente de pasada y que nunca viene calificada con el adjetivo de «directa». Por mucho que la definición arendtiana de política como interacción en un espacio público compartido sea explícitamente modelada a partir de aquella democracia de la antigua *polis* que el vocabulario político moderno califica como directa, Arendt evita aventurarse, precisamente, en estas distinciones léxicas referidas a formas de gobierno; prefiere articular su pensamiento sobre el «concepto puro de la realidad política» recurriendo a un vocabulario innovador —y de alguna manera anómalo— que, intencionadamente, deje a un lado la terminología y el aparato conceptual tradicionales. Prueba de eso es que una de las categorías centrales de *La condición humana* es el nacimiento, lema absolutamente ausente en el léxico político tradicional que, en cambio, se aventura de buen grado en aquel más belicista de la muerte. Eso se evidencia en que en el espacio político del que habla Arendt no hay individuos o ciudadanos, sino seres humanos y actores, únicos e iniciadores; y sobre todo, no hay el «pueblo» sino la «pluralidad». Margaret Canovan ha subrayado justamente que Arendt ha «acrecentado» el mundo con una palabra: la palabra «pluralidad», añadiendo que «el modo más fructífero de leer su pensamiento político es aquel que trata su análisis de la modernidad como un telón de fondo para las cosas interesantes que tiene que decir respecto al hecho de que la política sucede entre muchas personas con un espacio entre ellas».[13]

13. M. Canovan, *Hannah Arendt. A Reinterpretation of Her Political Thought*, Cambridge, Cambridge University Press, 1994, p. 281.

El interés de Arendt en relación con la categoría de la pluralidad se manifiesta en sus escritos de principios de los años cincuenta y alcanza su cima al final del decenio, en *La condición humana*. Es posible, incluso, trazar un hilo teórico que va desde su atención inicial por el problema de la pluralidad de las opiniones (el *dokei moi*, el «me parece», que certifica la pluralidad de las *doxai* y encuentra su modelo en el *politeuein* de Sócrates)[14] hasta su decisión final de conferir a la pluralidad un estatuto ontológico, en cuanto la pluralidad misma, tal como ella afirma, constituye *la* característica específica de la condición humana. Significativamente, este estatuto apela al hecho de que los seres humanos aparecen como únicos desde su nacimiento, es decir, a aquellos rasgos que, ya en el plano físico y corpóreo, nos distinguen el uno del otro en la pluralidad. Puesto que «nadie es nunca idéntico a otro que vivió, vive o vivirá», escribe Arendt, «la pluralidad humana es la paradójica pluralidad de los seres únicos», una condición ya físicamente revelada por la unicidad de cada recién nacido, es decir, del «hecho de la natalidad en el que se enraíza ontológicamente la facultad de la acción».[15] Vale la pena detenerse en la diferencia, que no en la incompatibilidad, entre el interés inicial de Arendt por la pluralidad de las opiniones y su conclusión final de que la pluralidad humana es la condición fundamental de la política. Si el primero admite una interpretación del pensamiento arendtiano que hace referencia a la acción comunicativa, al diálogo y a la negociación —o, para decirlo brevemente, al valor del pluralismo—, la segunda, en cambio, nos sitúa delante de una refundación radical y ontológica de la política, que pone profundamente en discusión la

14. Véase H. Arendt, «Socrates», *La promesa de la política*, Barcelona, Paidós, 2008, pp. 43-75.
15. *Id.*, *La condición humana*, Barcelona, Paidós, 1993, pp. 200 y 266.

noción habitual de democracia directa y, sobre todo, su actual versión digital.

Siempre vale la pena subrayar cómo Arendt insiste en la dimensión espacial, material y corpórea de la interacción política. Ella define la política, no por casualidad, como el espacio público de la aparición en el cual cada uno de los actores, interactuando con los otros, se distingue y se muestra, es decir, como el espacio físico de una aparición recíproca en el cual los presentes pueden ver y ser vistos, escuchar y ser escuchados. Escribe Arendt: «Con palabra y acto nos insertamos en el mundo humano, y esta inserción es como un segundo nacimiento, en el que confirmamos y asumimos el hecho desnudo de nuestra original apariencia física».[16] Nada podría encontrarse más lejos de la ontología individualista de la modernidad y, aún más todavía, de su metamorfosis actual en el individualismo digital, que toma como modelo al usuario general de internet. Arendt propone una concepción participativa de política que prevé la distinción activa y mostrativa de una pluralidad de actores presentes físicamente, seres humanos de carne y hueso. Tal como bien señala Judith Butler, para Arendt «la acción política tiene lugar porque el cuerpo está presente. Aparezco ante otros y ellos aparecen ante mí, lo que significa que algún espacio entre nosotros permite nuestra aparición».[17] Lo que impresiona, en la acepción arendtiana de «política», es el fuerte acento sobre la proximidad espacial —si no la contigüidad corporal «cara a cara»— de una pluralidad física interactiva. La original versión arendtiana de la democracia directa, si así queremos llamarla, implica un espacio compartido materialmente en el cual los presentes se muestran uno al otro, con

16. H. Arendt, *La condición humana, op. cit.*, p. 201.
17. J. Butler, *Cuerpos aliados y lucha política. Hacia una teoría performativa de la asamblea*, Barcelona, Paidós, 2017, p. 8.

actos y palabras, exhibiendo activamente de esta manera su unicidad y su capacidad de iniciar, las dos características que se manifiestan en la llegada al mundo de cada recién nacido. Dicho de otro modo, a partir de la interacción en un espacio compartido, la pluralidad de los únicos —que es perceptible físicamente no solo en cada recién nacido sino a diario, para cualquiera, «bajo la forma única del cuerpo y el sonido de la voz»—[18] adquiere un estatus político que confirma la materialidad corpórea de toda la estructura.

En el hecho de subrayar la fisicidad del teatro interactivo de la aparición, Arendt lleva su discurso incluso hasta el extremo. En efecto, sugiere que quienes están presentes y hablan no son políticos por aquello que dicen, sino porque lo dicen a otros, los cuales comparten en términos corpóreos este espacio común de exposición recíproca mediante actos y palabras. Para decirlo de un modo más conciso, aunque pueda parecer paradójico, Arendt está interesada, en primer lugar y sobre todo, en la relacionalidad concreta de actores políticos encarnados, no en los contenidos de su discurso o bien, como se diría hoy en día, en su agenda política. Como si el criterio de base para aprobar o rechazar ciertos «contenidos» de los cuales se discute en la arena política fuese inherente a la dimensión plural de la relacionalidad misma y de sus implicaciones: igual dignidad ontológica de cada ser humano en cuanto único, igual libertad e igual riesgo al exponer y aceptar esta unicidad, responsabilidad común para abrir y preservar espacios políticos para la interacción. Pero la acción conjunta ella no la concibe como un medio para realizar estos contenidos, sino como experiencia que tiene en sí misma su propia finalidad, es decir, como una experiencia cuya finalidad es la de expresar activamente la condición humana de la pluralidad.

18. H. Arendt, *La condición humana*, *op. cit.*, p. 203.

Si, por un lado, es posible considerar el pensamiento político arendtiano como una valiosa reserva para tematizar los principios democráticos de libertad y de igualdad, por otro es indispensable reconocer que, en su anómala acepción de «política», estos no funcionan como principios o ideales, sino como *modos* de actuar concertadamente. Dicho en palabras más sencillas, para Arendt, *fuera* del espacio político no hay hombres libres e iguales que, haciendo de esta libertad e igualdad un principio que se tiene que reivindicar, lo lleven como demanda democrática en la esfera política. Al contrario, es la experiencia de la interacción en un espacio compartido lo que hace iguales a los actores políticos, permitiéndoles experimentar la libertad y descubrirla en el espacio común de su actuación. Refiriéndose una vez más a la experiencia política originaria de los griegos, Arendt escribe: «Ni igualdad ni libertad eran concebidas como una cualidad inherente a la naturaleza humana, no eran *physei*, dados por la naturaleza y desarrollados espontáneamente; eran *nomo*, eso es, convencionales y artificiales, productos del esfuerzo humano y cualidades de un mundo hecho por el hombre».[19] Es precisamente la política la que hace a sus actores libres e iguales. En particular, por lo que tiene que ver con la categoría de igualdad —tan fundamental para el concepto mismo de democracia en todas las declinaciones que hace la modernidad— ha de tenerse en cuenta el hecho de que —como nos advierte Claude Lefort—, lejos de ser un fin en sí mismo, para Arendt la igualdad es más bien una invención, «el efecto o simplemente el signo del momento que levanta a los hombres de la vida y abre para ellos un *mundo común*».[20] Es precisamente «participando en un espacio com-

19. H. Arendt, *Sobre la revolución*, Madrid, Alianza, 2004, p. 39.
20. C. Lefort, *Essais sur le politique*, París, Seuil, 1986 [ed. digital]. [Las traducciones de las citas en lengua extranjera son de los traductores salvo que se indique lo contrario. *(N. de los T.)*].

partido, accediendo a la *visibilidad* de la esfera pública, como los hombres se definen y se comprenden los unos a los otros como iguales»,[21] según Arendt. Lo cual significa que, según ella, la igualdad, como la libertad, no son principios —quizás entendidos como derechos naturales y «evidentes para todos»— que *preceden* la política y a los cuales la política debe conformarse o que la política debe realizar también en el plano social. Son más bien modos de interactuar inherentes a la misma experiencia política, la cual, en términos arendtianos, es política en un sentido auténtico en primer lugar a causa de su modalidad de actuación, y solo en segundo lugar a causa de los contenidos que puede inspirar, coherentemente con esta modalidad.

Muchos intérpretes han notado que, precisamente porque Arendt insiste en este aspecto performativo, por decirlo de algún modo, de la participación política en detrimento de los contenidos, su propuesta teórica parece no solo poco realista sino también débil en el plano efectivo. Después de todo, para volver a nuestro tema, ¿qué argumentos de Arendt se oponen a la ideología populista? Si se mira con atención, su insistencia en una relacionalidad material y encarnada como *el* elemento constitutivo de la política —y, con más precisión, de una política entendida como participación directa e interactiva de una pluralidad de actores— posee un potencial crítico notable respecto al modelo de democracia absoluta al cual apela el populismo digital. El elemento principal de contraste, por simple que parezca, tiene que ver, obviamente, con la programada ausencia de cuerpos o de relaciones corpóreas en el interior de esta pretendida democracia absoluta. Mientras Arendt rechaza la ontología individualista y sustituye el sujeto abstracto y atomizado de la modernidad con una subjetividad encarnada y relacional, los defensores del populismo digital

21. C. Lefort, *Essais sur le politique, op. cit.*

transforman este mismo sujeto en un individuo aún más aislado y —literalmente— remoto. No es por casualidad que este individuo se sitúe en el aislamiento propio de aquello que Arendt llama la «esfera privada». El *ágora* virtual funciona precisamente como una red inmaterial que pone en conexión a individuos privados, de tal forma privados y aislados que su presencia en el espacio político virtual presupone su ausencia física. Como diría Arendt, hoy en día estamos delante del desconcertante fenómeno de individuos inconexos entre sí que, escondidos en la oscuridad de la esfera privada, invaden la esfera pública digital y que son promocionados como si fuesen los actores ideales de una democracia directa.

Al reflexionar sobre el fenómeno, los estudios especializados se han concentrado muy a menudo en los aspectos manipuladores inherentes al universo de las redes sociales, dominado, como es bien sabido, por la proliferación de *fake news* y de «hechos alternativos» que generan teorías conspirativas y multiplican las ocasiones para el lenguaje del odio. En la llamada era de la posverdad —inclinada de manera significativa a usar metáforas bélicas—, la «guerra cibernética», mediante el «ejército de los *trolls*» y la «desinformación transformada en arma», explota algoritmos cada vez más sofisticados para fabricar ideologías y consenso. Prevalece «una comunicación hipersimplificada, sensacionalista, insinuadora, calcada de la publicitaria y, sobre todo, dirigida a un público fiel que quiere leer lo que ya sabe».[22] El individuo aislado que forma parte del *ágora* virtual es, a su vez, un producto digital, al menos en la medida en la que su mismo aislamiento —o la ausencia de un modo común que, como una mesa, escribe Arendt, «une y separa a los hombres al mismo tiempo»—[23] lo hace particu-

---

22. A. Dal Lago, *Populismo digitale*, op. cit., pp. 130-131.
23. H. Arendt, *La condición humana*, op. cit., p. 62.

larmente vulnerable a la manipulación. El hecho de que dicha manipulación tienda a atesorar las pulsiones emocionales del «pueblo de internet» y a empujarlas hacia posiciones agresivas y conspirativas es de sobra conocido para que sea necesario definirlo con más detalle. Basta decir, como síntesis, que los *social media*, explotando la amargura egocéntrica de los propios usuarios, son, como se sabe, «idóneos para transmitir eslóganes, invectivas, escarnios, promesas increíbles, afirmaciones estentóreas, pero del todo incapaces para acoger un razonamiento».[24] El lenguaje del odio se mezcla regularmente con el miedo a la diferencia, sea esta racial, cultural, religiosa, sexual o de género. En este sentido, nada nuevo respecto a la ideología de las derechas tradicionales, si no ultrarreaccionarias y parafascistas. Aunque es nueva, debido a las tecnologías que la época pone a disposición, la apelación a la *e-democracy* por parte de los populistas digitales, una apelación que cuando menciona el «pueblo» y «la voluntad del pueblo» no se refiere para nada a las masas fascistas, sino más bien, y paradójicamente, al individuo libre y autónomo que manifiesta la propia libertad de palabra participando en el *ágora* virtual a partir de la base de un acceso igual para todos. Como una copia fantasmal del sujeto autónomo de las doctrinas liberales, el individuo libre e igual emerge de nuevo como el «valor» fundamental del populismo digital. En este sentido, incluso se podría decir que el populismo digital encuentra la «solución» de un viejo y conocido problema: la democracia directa era buena para la *polis* antigua, pero no es aplicable al Estado moderno, cuyas dimensiones requieren una democracia representativa. Entonces, explotando la evolución reciente de internet en tecnologías personales que conectan a todos con todos, el populismo digital no solo

---

24. G. Giostra, «La trappola del pensiero liofilizzato», *La lettura*, suplemento de *Il Corriere della Sera*, 10 de febrero de 2019, p. 9.

parece lograr hacer posible la democracia directa, sino también hacerla posible a escala global. Como es obvio, en este potencial escenario global, a los cuerpos no se les pide moverse y menos aún compartir un espacio físico; en todo caso, una cierta función está reservada a las manos o a los ojos, o a cualquier otra parte del cuerpo que pueda actuar como instrumento de digitación.

Se podría señalar que hay un parecido inquietante entre el énfasis populista en lo que se refiere a la democracia digital y a su «superación» o «liquidación» de la democracia representativa y la posición crítica arendtiana respecto a los sistemas representativos. La pluralidad, tal como la entiende Arendt, requiere un espacio de aparición y no tolera ningún mecanismo de representación. Puesto que está constituida por seres únicos que, actuando concertadamente, generan un espacio relacional para revelar activa y recíprocamente *quiénes* son, la pluralidad arendtiana es irrepresentable. Dicho de modo conciso, lo que cuenta en el espacio político es la presencia física de una pluralidad que no puede ser re-presentada en su ausencia.

En el libro *Sobre la revolución*, Arendt hace una crítica específica de la democracia representativa por el hecho de que despolitiza a los ciudadanos reduciéndolos a meros electores que «actúan» solamente el día de las elecciones. Se trata, no por casualidad, del mismo texto en que Arendt declara que «la gran suerte de la Revolución estadounidense fue que el pueblo de las colonias estaba ya, con anterioridad a su conflicto con Inglaterra, organizado en corporaciones autónomas».[25] De hecho, sucedió en un país que tenía una amplia experiencia de autogobierno, es decir, un país que se articulaba en cuerpos políticos civiles creados por los emigrantes británicos —en los distritos, en los condados y en los municipios— para au-

25. H. Arendt, *Sobre la revolución, op. cit.*, p. 224.

togobernarse de manera participativa y directa. Arendt quiere dejar muy claro que «estos cuerpos no se concibieron como gobierno en sentido estricto: no implicaban ni gobierno, ni división del pueblo en gobernantes y gobernados»; consistían, más bien, en «la formación de una esfera política que gozaba de poder y era titular de derechos sin poseer o reclamar la soberanía».[26] Esto, para ella, significa que la «fortuna» de la Revolución estadounidense fue la de surgir en un país que ya concebía el poder en términos participativos y, además, distribuía esta propia experiencia en una multiplicidad de espacios políticos locales. Precisamente es en este tipo de forma organizativa, centrada en la relación entre espacios políticos difusos y no en el mecanismo centralizado de la representación, en la que Arendt se inspira cuando declara sus preferencias por el republicanismo y por el sistema de consejos en cuanto modelos institucionales que, en lugar de verticalizar la transmisión del poder, aseguran a los ciudadanos espacios de libertad pública en los cuales interactuar, es decir, aseguran espacios de «democracia participativa».[27] En *Sobre la violencia*, donde la forma republicana y federal es considerada varias veces por ella como una deseable alternativa al Estado-nación, Arendt subraya que la «República americana», pese a haberse insertado lamentablemente «como si fuera su patrimonio», en la tradición europea del modelo del Estado soberano, ha conservado la virtud de basarse «en una gran pluralidad de poderes y en sus frenos y equilibrios mutuos».[28] En este texto Arendt afirma con contundencia que «todas las instituciones políticas son manifestaciones y materializaciones del poder», es decir que

26. H. Arendt, *Sobre la revolución*, *op. cit.*, p. 228.

27. Véase S. Lederman, *Hannah Arendt and Participatory Democracy. A People Utopia*, Londres, Palgrave Macmillan, 2019.

28. H. Arendt, «Sobre la violencia», *Crisis de la república*, Madrid, Trotta, 2015, pp. 63 y 138.

«el gobierno es, esencialmente, poder organizado e institucionalizado».[29] En su gramática, esto significa que las instituciones políticas no generan el poder, sino que son sostenidas por este y son llamadas idealmente a organizarlo de tal modo que su regeneración se redistribuya en espacios públicos de interacción.

En *La condición humana*, sin embargo, la aproximación de Arendt a la cuestión de la política es más de tipo especulativo y evita significadamente permanecer bloqueada en el tema de las estructuras institucionales. Para ella, en el contexto teórico de *La condición humana*, no se trata de adaptar el modelo de la democracia de Pericles a la forma de las democracias modernas, sino de recuperar, después de la catástrofe del totalitarismo, «el significado originario, progresivamente perdido, del término "política"»,[30] tal como señala Simona Forti. Es decir, volver a pensar «el concepto puro de la realidad política».[31]

La aversión de Arendt al paradigma del Estado-nación en cuanto Estado soberano y territorial encuentra, también en *La condición humana*, una manera decididamente original de manifestarse, tal como se puede observar allí donde subraya que la política, por mucho que esté constituida por la interacción de una pluralidad física, no exige un territorio, y aún menos un territorio cuyos confines sean el perímetro de la soberanía del Estado. «A cualquier parte que vayas, serás una *polis*», recita una famosa frase de Tucídides que Arendt cita y se apropia para argumentar que «la acción y el discurso crean un espacio entre los participantes que puede encontrar su propia ubicación en todo tiempo y lugar».[32] La política, en términos arendtianos,

29. H. Arendt, «Sobre la violencia», *op. cit.*, pp. 106 y 114.
30. S. Forti, *Hannah Arendt fra filosofia e politica*, Milán, Bruno Mondadori, 2006, p. 5.
31. H. Arendt y K. Jaspers, *Briefwechsel*, Múnich, Piper, 1987, carta del 4 marzo de 1951.
32. H. Arendt, *La condición humana, op. cit.*, p. 221.

es un espacio relacional que ocurre con el acontecimiento de una interacción plural y que, junto con este, desaparece. Es contingente e intermitente: una experiencia política de la pluralidad generada cada vez que y en cualquier lugar donde los seres humanos actúen concertadamente, capaz de durar tanto como su propia actuación y cuya forma no puede encapsularse en ningún sistema ni conectarse con ningún territorio. En lugar de democracia directa podríamos hablar, pues, de una fenomenología de lo político que se focaliza en el momento surgente de la democracia en cuanto tal, momento al mismo tiempo germinal y germinativo que, pese a estar ligado a ciertas circunstancias, puede surgir en cualquier lugar. Por otra parte, no es casualidad que, oponiéndose con determinación al carácter territorial, además del nacional y centralizado, del Estado moderno, lo que llamamos aquí democracia surgente asuma, en el vocabulario arendtiano, el nombre de alguna manera anómalo de «espacio de la aparición».

El espacio de la aparición, escribe Arendt,

> cobra existencia siempre que los hombres se agrupan por el discurso y la acción, y por lo tanto precede a toda formal constitución de la esfera pública y de las varias formas de gobierno, o sea, las varias maneras en las que puede organizarse la esfera pública. Su peculiaridad consiste en que [...] no sobrevive a la actualidad del movimiento que le dio existencia, y desaparece no solo con la dispersión de los hombres —como en el caso de grandes catástrofes cuando se destruye el cuerpo político de un pueblo—, sino también con la desaparición o interrupción de las propias actividades. Siempre que la gente se reúne, se encuentra potencialmente allí, pero solo potencialmente, no necesariamente ni para siempre.[33]

33. H. Arendt, *La condición humana, op. cit.*, p. 222.

Dicho de otro modo, el espacio de la aparición no puede ser garantizado ni preservado más allá de su propia actuación mediante la acción: la política, como la entiende Arendt, es un acontecimiento intermitente que evoca precisamente la forma de una democracia surgente, inherente estructuralmente al acto mismo de realizarse, cuyo estatuto germinal es producido y reproducido, cada vez de nuevo, por las interacciones de pluralidades concretas. Vale la pena poner de relieve que en estas pluralidades que interactúan la manifestación recíproca del *quién* es cada actor (en cuanto único e insustituible) ocupa un lugar central, mientras que el *qué* son los actores (es decir, las identidades sociales, étnicas o culturales que estos tienen eventualmente en común) no desempeña ningún papel esencial. El acento que Arendt pone en la unicidad como diferencia absoluta de cada uno respecto al otro —es decir, aquella misma unicidad encarnada de la cual está hecha la pluralidad— viene acompañada por su fuerte y coherente aversión por todas las «organizaciones de la esfera pública» construidas, en cambio, por la pertenencia a identidades colectivas, sean estas nacionales, étnicas, culturales, sociales o bien, en el peor caso, raciales.

Se trata de un aspecto decisivo y quizás nunca puesto suficientemente de relieve del pensamiento de Arendt: funcionando como antídoto a la homogeneidad del pueblo, de la nación o de la raza, la pluralidad arendtiana tiene el efecto sintomático de neutralizar los mecanismos de expulsión y de exclusión que las demandas identitarias tienden a solicitar y reforzar y que, no por casualidad, la demagogia populista, aún más en la era digital, sabe explotar emocionalmente. Es más, tiende a producirlos: porque las redes sociales, con toda evidencia no son simplemente el nuevo *medio* tecnológico con el cual la reserva populista de la cólera y del odio hacia las «identidades de los otros» se difunde, prestándose de este modo a la manipulación demagógica, sino que son el ambiente principal en el cual esta reserva se genera, se articula y se expande. Por eso es tan necesario, hoy en día, reflexionar con Arendt sobre el concepto de pluralidad. Dicho con claridad, las estrategias populistas «excluyentes» que hacen referencia al nacionalismo, a la xenofobia, al racismo, al sexismo, a la homofobia y similares, son incompatibles estructuralmente con la idea arendtiana de política. La pluralidad exige —y consiste en— inclusión, no inclusión en un «pueblo», sino en un espacio horizontal de interacción entre iguales y distintos. Al convertirse en una pluralidad interactuante, y por eso mismo política, su límite es la dimensión material de este espacio compartido que permite la proximidad física entre los actores: una plaza, una sala, una «estancia tan grande que los contenga a todos». Su regla es la apertura hacia los otros, prescindiendo de su pertenencia a un grupo, una nación, una minoría, una religión, una etnia o cualquier factor identitario, aún más si es asumido como criterio excluyente.

Releyendo *La condición humana* se podría sostener con cierta facilidad que Arendt traza una escena política de tipo situacionista o espontaneísta, o incluso «lúdico»,[34] o por lo menos que abraza una perspectiva en la cual se exalta el *acontecimiento*, público y visible, de la interacción de una pluralidad de actores, mientras que se pasa por alto, en cambio, la complejidad de las motivaciones, de las necesidades, de las reivindicaciones o, simplemente, de las ideas, si no de las demandas identitarias, que podrían haber impulsado a estos actores a reunirse y a actuar. La explícita elección arendtiana de utilizar una terminología teatral, llamando a los que actúan «actores» y describiendo el espacio interactivo como una escena de aparición recíproca sobre la cual cada uno es actor y especta-

34. Véase S. Forti, *Hannah Arendt fra filosofia e politica, op. cit.*, pp. 271-272.

dor, parece que hace plausible esta interpretación. Por añadidura, parece que Arendt aprecia la noción aristotélica de «drama» como imitación artística de la actuación y declara que «el teatro es el arte político por excelencia; solo en él se transpone en arte la esfera política de la vida humana».[35]

Para evitar empujar el pensamiento arendtiano hacia horizontes estetizantes que no le encajan, es necesario hacer alguna precisión. La insistencia de Arendt en la dimensión espacial que permite a los actores verse y escucharse concierne precisamente a los mismos actores, no a los eventuales observadores externos que disfrutan del «espectáculo». Para ella son espectaculares, en todo caso, los grandes movimientos revolucionarios del pueblo, como el de la Revolución francesa, que llevando a las masas de pobres y desheredados a irrumpir como «un torrente» sobre la escena de la historia, ha capturado para siempre el imaginario occidental de la Revolución. Lo cual, como lamenta Arendt, sucede desgraciadamente a costa de la herencia auténtica de las revoluciones del siglo XVIII que, según ella, lejos de materializarse con la imagen dramática de multitudes en revuelta, consiste en cambio en el descubrimiento de la libertad política en cuanto actuar concertadamente. Por otra parte, como deja constancia su profundo análisis del fenómeno de la revolución, Arendt es consciente de los movimientos y de las ideas que empujan a las personas a rebelarse y a actuar, es decir, es bien consciente del hecho de que la experiencia pública de la libertad, redescubierta como un «tesoro escondido» durante las revoluciones modernas, es precedida por un movimiento de *liberación* del yugo de los regímenes vividos como injustos y despóticos, o de condiciones sociales intolerables de desigualdad y pobreza. En efecto, no niega que el redescubrimiento de la libertad pública venga precedido o

---

35. H. Arendt, *La condición humana, op. cit.*, p. 211.

incluso causado por una serie de demandas y motivaciones cuya fuerza impulsora e insurreccional se manifiesta, histórica y frecuentemente, mediante la violencia. Pero sí que niega que la sustancia de la experiencia política, redescubierta en la época de las revoluciones, consista en estas demandas y motivaciones. Dicho de otro modo, para ella la lucha, incluso violenta, contra el dominio en nombre de principios y reivindicaciones que los revolucionarios sienten como urgentes y justos pertenece a la fase liberatoria e insurgente de las revoluciones. Solamente las revoluciones «más afortunadas» y políticamente exitosas como la estadounidense, argumenta Arendt, consiguen superar esta fase insurgente para confluir en la apertura de este espacio de aparición en el cual la pluralidad de iguales, dejando a sus espaldas el sufrimiento del proceso de liberación, realiza finalmente la libertad.

Esto nos lleva a afirmar, usando un léxico que es ajeno a los textos arendtianos, pero no a su espíritu crítico, que la experiencia de una democracia insurgente, aunque con frecuencia viene entremezclada estrechamente con esta, es distinta de la de una democracia surgente, absolutamente pacífica, aunque emocionante. Y también es distinto el *pathos* de aquellos que forman parte de las dinámicas colectivas de la lucha, y es distinta la emoción tan particular que Arendt llama «felicidad pública», reservando la experiencia a actores que, actuando concertadamente, redescubren la política. Casi como si la felicidad pública fuese típica del estadio germinal de una democracia surgente y el cometido de la política fuese el de generar la emoción de la felicidad pública, en lugar de el de atesorar y explotar el gran *pathos* de las luchas liberadoras, con su prácticamente inevitable descarga de «violencia creadora». Por otra parte, aún antes de distinguirse del *pathos* de las luchas liberadoras, con el cual está siempre en tensión, la emoción afirmativa de la felicidad pública se opone sobre todo a la reserva de resentimiento y de odio que nutre a los populismos de cualquier tiempo. Es decir, se opone a aquella patología afectiva del egocentrismo negativo que, como Arendt advierte en *Los orígenes del totalitarismo*, cierra definitivamente cualquier espacio compartido de libertad haciendo que la degeneración de la democracia en demagogia populista sea un terreno fértil para experimentos de «dominio total».

3
Felicidad pública

En enero de 2018, en la Universidad de Yale, 1500 estudiantes se inscribieron en un curso sobre la felicidad que ha resultado ser el más popular y el más frecuentado a lo largo de los tres siglos de historia de la prestigiosa universidad estadounidense. Con el título de «Psychology and the Good Life», el curso enseñaba a los estudiantes cómo vivir una vida más feliz y más satisfactoria. La noticia se publicó en el *New York Times* y a partir de allí llegó hasta el resto de los principales periódicos internacionales. De todos modos, no era ninguna novedad. Hace ya varios años que la Universidad de Berkeley ofrece un curso *online* con mucho éxito sobre la *Science of Happiness* y que otras universidades han seguido el mismo camino. La búsqueda de la felicidad, sin duda, interesa a un público muy amplio. Basta entrar en una librería y echar una ojeada al impresionante número de libros y pequeños volúmenes —los llamados *self-help books*— que prometen a sus lectores poder llevar una existencia feliz para constatar cómo la felicidad, actualmente, es un tema dominante, incluso una obsesión. Se trata de un auténtico *marketing* de la felicidad dirigido a cada una de las personas en particular, es decir, a su deseo individual, si no íntimo, de una vida más gratificante. Arendt situaría el fenómeno en el ámbito de la esfera privada, haciendo notar que hoy en día no se habla para nada de la esfera pública, tal como ella lo entiende.

En *La condición humana* leemos que el término «privado», derivado del latín *privatus*, alude a un estado negativo de privación de la luz pública. Esta negativa es aún más evidente en el término griego *idion*, que se corresponde al latín *privatus*, puesto que para los griegos, tal como escribe Arendt, «la vida pasada en retraimiento con "uno mismo" *(idion)*, al margen del mundo, es "necia" por definición».[1] La estrategia arendtiana de recurrir a las etimologías para desvalorizar la esfera privada a favor de la esfera pública es aquí muy evidente. Pero lo que le importa más, en este contexto, no es tanto esta desvalorización sino la capacidad de un enfoque preciso de la «antigua línea fronteriza entre lo privado y lo político», una distinción fundamental que, para ella, la sociedad moderna ha confundido y modificado hasta hacer irreconocible «el significado de las dos palabras y su significación para la vida del individuo y del ciudadano».[2] Esto ha sucedido, argumenta Arendt, a partir de una hibridación de lo privado en lo social que, por una parte, ha producido el concepto ambiguo y omnipresente de privacidad, que atormenta no solo a la jurisprudencia, y por otra parte ha hecho de lo social en sí mismo una dimensión colectiva en la cual el comportamiento de la masa sustituye la acción de la pluralidad. Lo cual, en términos arendtianos, significa que se han dilatado los espacios, más o menos conformistas, de lo privado y lo social, mientras que el espacio participativo de la política ha sido liquidado programáticamente. Más concretamente significa que la sociedad de masas, a pesar de que fomenta y explota económicamente el deseo individual de una vida feliz, ofrece a los individuos bien pocas

1. H. Arendt, *La condición humana*, Barcelona, Paidós, 1993, p. 49.
2. *Ibid.*

ocasiones para experimentar ese tipo particular de emoción política que Arendt llama felicidad pública.

Arendt elabora el concepto de felicidad pública, *public happiness*, en el libro *Sobre la revolución* y en algunos otros textos de inicios de los años sesenta. Su tesis es que el redescubrimiento de la libertad política en la época de las grandes revoluciones ha sido traducido, sobre todo por los protagonistas de la Revolución estadounidense, como el descubrimiento de la felicidad pública. Esta felicidad, así como la libertad de la cual surgía, no se refería en lo más mínimo a «un fuero interno al que los hombres podían escapar a voluntad de las presiones del mundo»; al contrario, existía y solo podía existir en el «espacio público construido por el hombre o la plaza pública, que la Antigüedad ya había conocido como el lugar donde la libertad aparece y se hace visible a todos».[3] A esta experiencia política de la libertad, cuando los revolucionarios estadounidenses «llegaron a saborearla, la llamaron "felicidad pública"», insiste Arendt, y explica que esta «consistía en el derecho que tiene el ciudadano a acceder a la esfera pública, a participar del poder público [...], derecho distinto de los que normalmente se reconocían a los súbditos a ser protegidos por el gobierno en la búsqueda de una felicidad privada».[4] Prueba de esto, tal como Arendt argumenta, es que para la mentalidad revolucionaria la tiranía era una forma de gobierno en la que el soberano monopolizaba para sí mismo el derecho a la acción, alejando de este modo a los ciudadanos de la vida pública y confinándolos a la *privacidad* de sus asuntos privados. «En otras palabras, la tiranía despojaba de la felicidad pública, aunque no necesariamente del bienestar privado»,[5] o sea, les negaba la experien-

---

3. H. Arendt, *Sobre la revolución*, Madrid, Alianza, 2004, p. 163.
4. *Ibid.*, p. 168.
5. *Ibid.*, pp. 172-173.

cia de la participación y el derecho de ser vistos en acción, la emoción de actuar juntos en un espacio compartido.

A propósito de esto Arendt cuenta una anécdota. Observa que la importancia de la experiencia de la felicidad pública, para los protagonistas de la Revolución estadounidense, «puede encontrarse en la curiosa esperanza que Jefferson proclamó al fin de su vida, cuando había comenzado a discutir con Adams, medio en serio medio en broma, sobre la posibilidad de una vida futura»; la verdadera noción de felicidad humana que los dos amigos compartían, escribe Arendt, surge con claridad cuando Jefferson, abandonándose a una ironía jocosa, «concluye una de sus cartas a Adams con las siguientes palabras: "Quizás nos encontremos de nuevo en el Congreso, junto a nuestros antiguos colegas, y recibamos con ellos la fórmula de la aprobación"». Detrás de la ironía podemos ver aquí la «cándida admisión de que la vida en el Congreso, las alegrías de los discursos, de la legislación, de la transacción, de la persuasión, del propio convencimiento, constituían en no menor medida, para Jefferson, un goce anticipado de una eterna bienaventuranza futura», comenta Arendt. Y precisa que «"la fórmula de aprobación" no es en absoluto la recompensa común para la virtud en una vida futura; lo es el aplauso, la aclamación, la "estima del mundo"»,[6] que se corresponden con aquella «"pasión por la distinción" que según John Adams era la "más esencial y notable" de todas las facultades humanas».[7]

La puntualización de Arendt es interesante por varias razones. En primer lugar, porque confirma su convicción de que el espacio público es sustancialmente un espacio de visibilidad recíproca en el cual, mostrando *quién* es mediante actos y palabras, cada actor exhibe la propia unicidad, es decir, realiza

6. H. Arendt, *Sobre la revolución*, op. cit., p. 174.
7. *Ibid.*, p. 157.

el deseo de distinguirse que induce a «los hombres a gozar de la compañía de sus iguales y los lleva a los asuntos públicos».[8] En segundo lugar, porque les permite subrayar que los miembros del Congreso, así como el pueblo que iba a las asambleas municipales, no lo hacía solamente «para cumplir con un deber ni, menos aún, para servir a sus propios intereses, sino, sobre todo, debido a que gustaban de las discusiones, las deliberaciones y las resoluciones».[9] Placer, gozo, incluso diversión: estas son las características de la felicidad pública que aquí y en otras partes Arendt menciona. Como si la felicidad pública fuese el nombre que sintetiza las emociones positivas de quienes participan en la fase germinal de aquello que insistimos en llamar democracia surgente.

Como en *La condición humana* o también en *Sobre la revolución*, el redescubrimiento de la política por parte de los revolucionarios estadounidenses remite a la experiencia fundamental de la antigua *ágora*. Se trata, sin embargo, de un redescubrimiento innovador, capaz de crear una «tradición espontánea» propia que, como un enriquecimiento peculiar del «tesoro escondido», es transferida desde el espíritu revolucionario del siglo XVIII a las épocas sucesivas. Arendt reconoce sus huellas en distintos e importantes fenómenos políticos del siglo XX, desde los consejos de la revolución húngara hasta los acontecimientos de la Primavera de Praga, y añade a la lista también al movimiento estudiantil del 68. Siendo docente en las universidades estadounidenses en esta época, puede observar el movimiento de manera directa e intervenir en él.

Elisabeth Young-Bruehl, notable biógrafa de Arendt, dice que en la Universidad de Berkeley, en los primeros días del movimiento, uno de los textos que más circulaba entre los

8. H. Arendt, *Sobre la revolución, op. cit.*, p. 158.
9. *Ibid.*, p. 157.

estudiantes era justamente *Sobre la revolución*, y que el periódico *Public Life*, fundado por un grupo activo de Brooklyn, reconocía explícitamente «su deuda con dos teóricos políticos americanos: Thomas Jefferson y Hannah Arendt».[10] El interés del movimiento respecto a Arendt es, en cierto modo, correspondido también por ella. En efecto, como se ha dicho justamente, «la protesta estudiantil contribuye a que Arendt tenga la ocasión de escribir algunos de sus ensayos más brillantes, en los cuales pone a prueba las categorías acuñadas durante veinte años de trabajo intelectual e intenta nuevas distinciones clarificadoras, como aquella entre poder y violencia».[11] En uno de estos ensayos —transcripción de una entrevista de 1970— a la pregunta del entrevistador acerca de su opinión sobre el movimiento revolucionario de los estudiantes de los países occidentales, Arendt responde:

> Si dejo a un lado todas las diferencias nacionales, que indudablemente son muy grandes, y tengo en cuenta que este es un movimiento global —algo que no ha existido anteriormente en esta forma—, y si considero lo que (aparte de objetivos, opiniones y doctrinas) realmente distingue en todos los países a esta generación de las que la precedieron, lo primero que descubro es su determinación de actuar, su entusiasmo por la acción, la seguridad de ser capaz de cambiar las cosas por el esfuerzo propio. [...] Junto con este factor moral, completamente raro en lo que normalmente se considera simple juego de poder o de intereses, penetró en el terreno de la política otra experiencia nueva para nuestro tiempo: resultó que actuar es divertido. Esta generación descubrió lo que el siglo XVIII había denominado «felicidad pú-

10. E. Young-Bruehl, *Hannah Arendt. Una biografía*, Barcelona, Paidós, 2006, pp. 513-514.
11. E. Lamedica, *Hannah Arendt e il 68. Fra politica e violenza*, Milán, Jaca Book, 2018, p. 14.

blica», que significa que cuando el hombre toma parte en la vida pública se abre para sí mismo una dimensión de experiencia humana que de otra forma permanece cerrada para él y que, de alguna manera, constituye una parte de la «felicidad» completa.[12]

Vale la pena tener en cuenta el uso de las palabras «entusiasmo»* y «diversión» como variantes de la emoción de la felicidad pública. Y señalar aún más la toma de distancia de los objetivos, de las opiniones y de las doctrinas del movimiento estudiantil, de los cuales, poco después, Arendt no dudará en denunciar «la esterilidad teórica y la estolidez analítica».[13] Otra vez más, el acento se pone exclusivamente en la acción compartida como redescubrimiento de la felicidad pública, es decir, sobre la interacción como modo genuino de la experiencia política, prescindiendo de las motivaciones y contenidos de la protesta estudiantil, que Arendt condena drásticamente, pero que no menoscaban su juicio positivo, si no entusiasta, sobre la naturaleza política del fenómeno. Lo que la impresiona, en otras palabras, es el gozoso redescubrimiento generacional de la experiencia de una democracia surgente caracterizada por un poder compartido, difuso y horizontal, o mejor dicho, el redescubrimiento del «tesoro escondido». Lo que le interesa es hacer hincapié en la distinción de este poder —o, si se quiere, del espíritu revolucionario del siglo XVIII que se reencarna en este— de cualquier forma de legitimación de la violencia. Pese a apreciar la novedad de la «democracia participativa» no vio-

---

12. H. Arendt, «Pensamiento sobre política y revolución», *Crisis de la república*, Madrid, Trotta, 2015, pp. 153-155.

★   En este caso, la palabra *gioia*, con la que Cavarero traduce el término *joy* presente en el texto original de «Thoughts on Politics and Revolution», se ha vertido aquí por «entusiasmo», en lugar de «gozo», para mantener la coherencia con la edición española citada. *(N. de los T.)*

13. H. Arendt, «Pensamiento sobre política y revolución», *op. cit.*, p. 157.

lenta redescubierta por los estudiantes, Arendt no duda en denunciar «la nueva e innegable glorificación de la violencia por parte del movimiento estudiantil», fruto de una «curiosa lealtad al pasado», que se expresa a través de la vieja retórica de la vida como lucha y «violencia creadora».[14] Arendt observa con brusquedad que «ver la productividad de la sociedad en la imagen de la "creatividad" de la vida es por lo menos tan viejo como Marx; creer en la violencia como fuerza promotora de la vida es por lo menos tan viejo como Nietzsche y juzgar la creatividad como el más elevado bien del hombre es por lo menos tan viejo como Bergson».[15] Así como los estudiantes han redescubierto gozosamente la felicidad pública, su ideología no ha resistido a las sirenas más antipolíticas del mito revolucionario moderno, el de la violencia creadora.

En el prefacio de su libro sobre el pensamiento político de Hannah Arendt,[16] Michael Gottsegen nos ofrece una reflexión muy útil para comprender la eficacia hermenéutica y la plausibilidad empírica del concepto arendtiano de felicidad pública. Gottsegen recupera las palabras de un joven checoslovaco interlocutor suyo que le había contado acerca de una experiencia estimulante en la que había participado durante los días de la «Revolución de Terciopelo» en Praga, en 1989. El joven «habló de la creación de espacios públicos donde antes no habían existido», escribe Gottsegen, «habló del gozo de participar en deliberaciones comunes entre semejantes; y comentó que su sentido de sí mismo había mutado y había asumido profundidad, cada día más, con su implicación en la lucha para lo que realmente cuenta». Haciendo notar que la historia con-

14. H. Arendt, «Sobre la violencia», *Crisis de la república*, *op. cit.*, pp. 93 y 96.

15. *Ibid.*, p. 129.

16. M. Gottsegen, *The Political Thought of Hannah Arendt*, Albany (NY), SUNY Press, 1994. Todas las citas son de la p. IX.

tada por su interlocutor podría haber sido tratada en una página del libro de Arendt *Sobre la revolución*, Gottsegen observa que, si bien el hombre no había leído nunca a Arendt, «él había descrito su experiencia precisamente con el idioma específico que Arendt usa para describir la experiencia de la felicidad pública». La observación es perfectamente plausible y, en línea con el pensamiento arendtiano, corrobora la tesis según la cual el fenómeno de la felicidad pública, lejos de incumbir solamente a las revoluciones del siglo XVIII, tiene que ver con la experiencia misma del actuar concertadamente o, por lo menos, con aquel tipo de experiencias que el léxico político moderno tiende a rubricar bajo la voz «revolución». Aún así, aquí no está en juego el concepto de revolución y, aún menos, la «violencia creadora» que caracterizaría el mito revolucionario, sino la modalidad germinativa de una experiencia política caracterizada por un tipo de gozo colectivo de la felicidad pública. Lo cual significa, en términos arendtianos, que la felicidad pública, como emoción política específica, puede tener lugar y ser reconocida, nominada, descrita, dondequiera que una pluralidad actúe concertadamente compartiendo el gozo de la manifestación de una condición humana que nos quiere únicos y plurales. Las palabras del joven de Praga no son, por otra parte, un caso aislado. En el vocabulario de aquellos que tienen la ocasión de participar en movimientos políticos capaces de experimentar una democracia surgente, términos como «gozo» y «felicidad» comparecen muy a menudo. Basta como ejemplo un libro de Lynne Segal, dedicado al movimiento feminista, titulado emblemáticamente *Radical Happiness. Moments of Collective Joy* («Felicidad radical. Momentos de gozo colectivo»). La autora se fija particularmente en las experiencias de resistencia y renovación, de impulso afirmativo, energía transformadora y gozo compartido que caracterizan las políticas feministas de los años sesenta. La felicidad radical, según sus palabras, convoca sobre todo «el significado de una política de esperanza» y brota del «revivificar de la imaginación revolucionaria».[17] Si bien se trata de otro contexto, no estamos muy lejos del relato del joven checoslovaco sobre la experiencia en Praga. La emoción es similar y, pasando por alto los contenidos y las motivaciones relativos a los dos escenarios, el vocabulario se parece.

Hay una consonancia en las narraciones de quienes describen la experiencia de esta emoción que surge de la interacción en un espacio público. Hay un lenguaje común que tiene en cuenta el *pathos*, individual y colectivo, inherente a la participación. Como si la democracia surgente, en el plano emocional, tuviese un léxico propio específico. Como si lo que llevase a emocionar en términos de gozo y felicidad compartidos fuera justamente la participación, y por lo tanto el «redescubrimiento» plural de lo político, y no, en cambio, el movimiento de lucha y de rebelión. Reflexionando sobre las metáforas arendtianas, Olivia Guaraldo ha señalado justamente que allí donde insiste en el «redescubrimiento» del «tesoro escondido» de la política participativa, Arendt sugiere que tal redescubrimiento tiene que ver con algo familiar: algo que aún no es conocido y que, sin embargo, es reconocible inmediatamente. Esto está comprobado por «el hecho de que los actores políticos casi siempre lo reconocen como algo familiar cuando actúan»,[18] lo cual significa que el «tesoro» del actuar concertadamente, pese a estar «escondido» por una tradición que durante siglos lo ha ocultado sepultándolo en el pasado, es todavía muy cercano, casi al alcance de la mano, para aquellos que lo «redescubren» en el presente. La felicidad pública, «olvidada por la teoría pero

17. L. Segal, *Radical Happiness. Moments of Collective Joy*, Londres, Verso, 2017, pp. 206-207.

18. O. Guaraldo, «Public happiness: Revisiting an Arendtian hypothesis», *Philosophy Today* 62/2 (2018), p. 412.

familiar en la práctica»,[19] más que coger a los actores por sorpresa, los sorprende justamente por su sabor de familiaridad, casi como si fuese una emoción olvidada pero sentida y reconocida. Como si aquello que Arendt llama el «gusto por la libertad» tuviese precisamente un sabor propio reconocible.

En un texto escrito después de *Sobre la revolución* y publicado recientemente por Jerome Kohn con el significativo título de *The Freedom to Be Free (La libertad de ser libres)*, Hannah Arendt vincula de manera muy explícita y particularmente incisiva el tema de la revolución con la categoría de natalidad. Para los actores de la Revolución estadounidense, escribe Arendt,

> la experiencia de ser libres coincidía, o mejor dicho estaba íntimamente vinculada con el comienzo de algo nuevo, con el nacimiento, metafóricamente hablando, de una nueva era. Se consideraba que ser libre y empezar algo nuevo era lo mismo. Y obviamente, ese misterioso don humano, la capacidad de empezar algo nuevo, está relacionado con el hecho de que cada uno de nosotros ha venido al mundo como un recién llegado a través del nacimiento. En otras palabras, podemos comenzar algo porque somos comienzos y, por ende, principiantes. En la medida en que [...] el nacimiento o la natalidad humana, que se corresponde con la mortalidad humana, constituye la condición ontológica *sine qua non* de toda política [...] el significado de la revolución es la actualización de una de las potencialidades más grandes y más elementales del hombre, la experiencia sin igual de ser libre para emprender un nuevo comienzo, de donde proviene el orgullo de haber abierto el mundo a un *Novus Ordo Seclorum*.[20]

19. O. Guaraldo, «Public happiness: Revisiting an Arendtian hypothesis», *op. cit.*, p. 413.

20. H. Arendt, *La libertad de ser libres*, Madrid, Taurus, 2018, p. 22.

La experiencia de la felicidad pública, para Arendt, tiene que ver precisamente con este orgullo de iniciadores, el cual, para encontrar su expresión, necesita un espacio de aparición compartido. La política realiza en el mundo la cualidad naciente de la acción, heredándola del nacimiento, que es su condición ontológica. Hay algo de surgente, es decir, de naciente e iniciador en la manifestación de la felicidad pública, la cual da el nombre a una emoción colectiva y al mismo tiempo individual que brota de la experiencia de la participación y del estar en relación. Retomando algunas frases de Jefferson y Adams sobre esto, Arendt habla de la «pasión por distinguirse» y del «deseo de destacar». En vez de ser una característica exhibicionista, este tipo de vocabulario, ya presente en *La condición humana*, se inspira en el concepto aristotélico de virtud como excelencia, *areté*, un concepto que Arendt aprecia particularmente. En el libro *Sobre la revolución*, el acento cae expresamente sobre la dimensión relacional de la pluralidad como teatro y al mismo tiempo estímulo para destacar. Dicho de otro modo, la presencia de otros es necesaria para que la pasión por distinguirse y el deseo de destacar tomen forma, es decir, es necesaria para que los participantes compartan activamente la experiencia de la felicidad pública, para que reconozcan su sabor.

La felicidad pública, literalmente, tiene la necesidad de un público, de un espacio común en el cual los presentes comparezcan uno frente al otro como actores y espectadores, interactuando en un plano horizontal. Como sugiere la lengua inglesa, *happiness* es algo que *happens*, es decir, que «sucede» cuando, interactuando, exhibimos activamente la unicidad distintiva y la capacidad de iniciar que nos hace humanos. Los acontecimientos, señala Arendt, «por definición, son hechos que interrumpen el proceso rutinario y los procedimientos rutinarios».[21] La ex-

---

21. H. Arendt, «Sobre la violencia», *op. cit.*, p. 84.

periencia de la felicidad pública sucede, ocurre, surge cuando, en público, reactivamos los caracteres ontológicos propios de nuestra condición de ser nacidos e iniciadores.

El interesante vínculo entre el sustantivo *happiness* y el verbo *happen* tiene su confirmación etimológica en la lengua inglesa en términos como *perhaps* (quizás) y *haphazard* (aleatorio), que convocan el concepto de *casualidad, suerte* o *fortuna*. Lo mismo se puede decir del término alemán *Glück* y del francés *bonheur*. Es distinto el étimo del español *felicidad* que —como el italiano *felicità*, el portugués *felicidade*, el inglés *felicity* y el francés *félicité*— deriva obviamente del latín *felix*, en cuya raíz desembocan también términos como *fecundidad, fertilidad, femenino* y *feto*. La raíz es la misma del verbo griego *phyo*, que significa «generar», «hacer nacer», y del sustantivo *physis*, que significa «naturaleza», sustantivo a su vez y, no por casualidad, emparentado con el verbo latino *nasci* (nacer). Así pues, parece que en las distintas lenguas, el concepto de *felicidad* se divide en dos registros distintos de significación aparentemente opuestos: uno que alude a la casualidad y a la fortuna, y el otro que, en cambio, alude a la esfera femenina de la fertilidad y el nacimiento.

Hay, en efecto, algo de feliz en el nacimiento o, para decirlo como Arendt, algo que está conectado al recién nacido que hace su ingreso en el mundo y se nos aparece, exhibiéndose ante los otros como único e iniciador. Vale la pena citar una vez más la frase de *La condición humana* en la cual Arendt afirma que, con la acción, «nos insertamos en el mundo humano, y esta inserción es como un segundo nacimiento, en el que confirmamos y asumimos el hecho desnudo de nuestra original apariencia física».[22] Merece la pena hacer hincapié en que, en términos arendtianos, la natalidad funciona como condición ontológica de la acción política y, por consiguiente, de la fe-

---

22. H. Arendt, *La condición humana, op. cit.*, p. 201.

licidad pública. Utilizando las etimologías citadas más arriba, podríamos decir, pues, que la natalidad como felicidad es la base y la premisa de la felicidad pública. Si quisiéramos usar el inglés la frase no funcionaría igual de bien, obviamente, desde el plano del juego etimológico. El sustantivo *happiness* evoca precisamente la casualidad y la fortuna, no el nacimiento. Lo cual significa que el español *felicidad* y las otras lenguas que expresan el concepto custodiado por el concepto *felix* tiene la virtud sorprendente de acentuar etimológicamente la calidad naciente y surgente de la felicidad pública de la que Arendt canta sus virtudes.

La sabiduría popular se refiere al nacimiento, como es bien sabido, como un «feliz acontecimiento». El nacimiento genera leticia o, mejor aún, felicidad. Pero no se trata solamente de una felicidad privada y de la familia, sino, como diría Arendt, de una felicidad que concierne al mundo entero, enriquecido ahora por el ingreso de un recién nacido cuyas características son las de iniciar algo nuevo y, por consiguiente, las de cambiar el mundo mismo con la acción. Dicho brevemente, la acción se adhiere a la escena del nacimiento y allí reactualiza la felicidad. La felicidad pública, en términos arendtianos, es parte de este proceso, es decir, lleva no solo prácticamente, sino también emocionalmente, al cumplimiento de la promesa inicial.

El griego antiguo tiene sustancialmente dos palabras para designar a la felicidad: *eudamonia* y *makaria*. Si bien son usadas muy a menudo como sinónimos, *makarios* se refiere al estado privilegiado de los dioses, que, según Arendt, son perfectamente felices por cuanto viven en perpetua contemplación.[23] Vale la pena señalar que en latín *makarios* se traduce habitualmente por *beatus*, como se puede ver en el texto de «Las Bienaventuranzas del Sermón de la Montaña» (Mateo 5,3-11), en el

---

23. Aristóteles, *Ética a Nicómaco*, X, 1178b

cual encontramos a una serie de *bienaventurados* correspondientes a los *makarioi*, en la versión griega.

En cuanto al término *eudaimonia*, usado más frecuentemente para indicar la felicidad humana, está compuesto por dos partes: *eu*, que significa «bueno», y *daimon*, término que se traduce por «demonio» pero cuyo poliédrico significado es arduo de concretar. Indagando sobre el antiguo dicho según el cual nadie puede ser llamado feliz *(eudaimon)* antes de morir, Arendt afirma que la palabra *eudaimonia* designa «un estado permanente de ser que no está sujeto a cambio ni es capaz de hacerlo», es decir, que «significa algo como el bienestar del *daimon* que acompaña a cada hombre a lo largo de la vida, que es su distinta identidad/pero que solo aparece y es visible a los otros».[24] Vale la pena, de nuevo, fijarse en el acento puesto sobre el carácter expositivo y relacional de la identidad en cuanto unicidad encarnada, en cuanto revelación del *quién*. Según Arendt, la noción griega del *daimon* indica la identidad de la persona, es decir, precisamente aquella unicidad que los seres humanos manifiestan el uno al otro cuando, interactuando en un espacio común de aparición, muestran *quiénes* son.

Ser *eudaimon*, dice Arendt, para Aristóteles es la misma cosa que el «vivir bien» *(eu zen)*.[25] La anotación es interesante porque *eudaimon*, en términos aristotélicos, se aplica tanto al «vivir bien» *(eu zen)* como al «hacer bien» *(eu prattein)*, es decir, da el significado a la plena actuación de la excelencia del hombre en cuanto *zoon logon echon* y *zoon politikon*. En un pasaje célebre de la *Política* (1253a), leemos que «el hombre, entre los animales, es el único que posee la palabra» y que «es un animal político por naturaleza»; es decir, para decirlo con la traducción mucho más incisiva de Hannah Arendt, que el hombre es «una

24. H. Arendt, *La condición humana, op. cit.*, p. 216.
25. *Ibid.*

criatura que alcanza su mayor posibilidad con la facultad del habla y por vivir en la *polis*».[26] En otro pasaje también célebre de la *Política* (1252b), Aristóteles afirma que la *polis*, si bien nace meramente para vivir o sobrevivir (*zen*), existe con el fin de vivir bien (*eu zen*). Vivir meramente en la *polis*, el convivir, el habitar juntos, para él es absolutamente distinto que vivir activamente la experiencia de la *polis*, y está subordinado a esta. Llevando hasta el extremo el filtro arendtiano, se podría sostener incluso que Aristóteles ya indica en el *ágora* un espacio de felicidad pública. Pero vale la pena dejar claro que son muy pocos los que gozan de esta felicidad pública, es decir, en Atenas son únicamente los ciudadanos libres de sexo masculino, nacidos de padres atenienses, mientras que la mayoría de la población —compuesta por mujeres, esclavos y otros habitantes de la ciudad— es notoriamente excluida. Por lo tanto, la felicidad en términos de fecundidad —si queremos insistir en el étimo citado más arriba— queda aquí fuera de lugar: más allá de definirla o no como felicidad pública, según Aristóteles el *eu zen* como finalidad de la *polis* concierne solamente a los seres humanos de pleno derecho, es decir, a los ciudadanos libres de sexo masculino. Y añade que estos, además, cuando contemplan y filosofan, pueden incluso ser felices (*makarioi*) como los dioses. Esto nos obliga a tener muy en cuenta que la original experiencia griega de la política, el modelo del *ágora* que estaría en la base de la idea de democracia, se caracteriza por un incómodo carácter patriarcal y esclavista. Arendt tiene esto en cuenta de manera puntual pero, como han dicho muchos estudiosos, no lo problematiza de un modo satisfactorio, o lo trata de un modo decididamente molesto.[27]

26. H. Arendt, *Entre el pasado y el futuro*, Barcelona, Península, 1996, p. 28.

27. He tratado este incómodo tema en mi ensayo «Ombre aristotelische sulla lettura arendtiana di Marx», en H. Arendt, *Karl Marx e la*

Aplicar la lente arendtiana para releer Aristóteles, en cualquier caso, es una empresa que puede dar frutos interesantes. Lo pone de manifiesto un estudioso arendtiano como John Kiess, que subraya que para Aristóteles el *eu zen*, el vivir bien, «no es un estado que se adquiere cuando la acción se ha completado, sino un estado de actividad»; es decir que «la acción no es un medio para la *eudaimonia*, sino que es constitutiva de la *eudaimonia* misma», de manera que las virtudes prácticas, como expresión y realización de la excelencia humana, «no son simplemente medios que nos ayudan a llegar a la felicidad, sino que ellas mismas son una experiencia tangible de felicidad».[28] Refiriéndose al mundo griego y a la *polis* como teatro para llevar a cabo acciones grandes y memorables, Arendt argumenta que esta «grandeza, el significado específico de cada acto, solo puede basarse en la propia realización y no en su motivación ni en su logro».[29] Para ella, en este sentido es ejemplar la noción de *energeia*, con la cual Aristóteles «designaba todas las actividades que no persiguen un fin [...] y no dejan trabajo tras sí [...], sino que agotan su pleno significado en la actuación»; lo mismo se puede decir del *eu zen*, señala Arendt, que no es una obra, un producto de la *polis* en cuanto organización del vivir o convivir, «pero existe solo en pura realidad».[30] Como en el caso del músico de flauta, el sentido del acto está todo en la ejecución y, en términos arendtianos, hay felicidad en este acto así como la hay sobre todo «en la actividad humana más alta» que pertenece a la esfera política, la acción.

---

tradizione del pensiero politico occidentale, Milán, Raffaello Cortina, 2015, pp. 142-162.

28. J. Kiess, *Hannah Arendt and Theology*, Londres, Bloomsbury, 2016, p. 173.

29. H. Arendt, *La condición humana*, *op. cit.*, pp. 228-229.

30. *Ibid.*

Actuar políticamente produce una felicidad distinta y más alta que cualquier actividad privada, afirma Arendt. Distinta de la beatitud de la contemplación, divina pero solitaria, se trata de una felicidad que implica el ser-en-relación. Es la misma condición humana de pluralidad la que se expresa activamente en esta emoción de subjetividades relacionales e iniciadoras. Se entiende de este modo por qué Arendt define la libertad en términos de espontaneidad. La felicidad pública no es algo programado ni calculado, sino que precisamente «sucede» cuando los seres humanos actúan concertadamente en un espacio de aparición compartido. Es decir, sorprendiéndolos por su carácter de familiaridad y por ellos mismos descubierta y redescubierta dondequiera y cada vez que estos interactúan por la «libertad de ser libres», experimentando así la constitutiva cualidad naciente de la acción.

En los mismos años en los que Adams y Jefferson saboreaban la felicidad pública en América, Jeremy Bentham, en Inglaterra, reformulaba el célebre axioma de «la máxima felicidad para el mayor número posible de personas», con la convicción de que fuese el cometido de los gobiernos promover la felicidad de la sociedad.[31] Es bien sabido que la fórmula ha tenido mucha fortuna no solo entre la variopinta corriente teórica que toma el nombre de utilitarismo, sino también entre el filón de estudios politológicos, sociológicos y económicos, igualmente variopintos, que concibe la felicidad en términos de un bienestar social de los ciudadanos, cuya tutela o incentivación, si no producción, forma parte de las funciones del gobierno. Con una cierta preocupación profética, Alexis Tocqueville, un autor muy estimado por Arendt, en sus reflexiones de *La democracia en América* (1840), se atreve a imaginar «un

---

31. Véase J. Bentham, *An Introduction to the Principles of Moral and Legislation*, Nueva York, Dover, 2007 (edición original, 1780).

inmenso poder tutelar que se encarga solo de asegurar sus goces y vigilar su suerte», un poder «absoluto, minucioso, regular, advertido y benigno» que «quiere que los ciudadanos gocen», teniéndolos «irrevocablemente en la infancia», y que les provee sus necesidades facilitando al mismo tiempo sus placeres.[32] La idea de esta forma de gobierno absorbente e infantilizante, que Tocqueville no duda en definir como «despotismo moderno», es obviamente extrema. Pero la preocupación que la inspira toca un problema que, en el curso del tiempo, ha asumido un enfoque en el que el método, el cálculo y el detalle tienen efectivamente un papel decisivo. Hoy, sustancialmente, la imagen de una sociedad en la que existe el principio de la maximización de la felicidad es la de una sociedad en la cual la tasa de bienestar es medible a partir de varios indicios de naturaleza económica, objetivos y subjetivos, a los cuales se añaden factores tales como salud, instrucción, calidad de los servicios, estilo de vida y seguridad.[33] Divulgando los análisis que trabajan con estos indicios, los periódicos actuales ofrecen con frecuencia gráficos que clasifican las «ciudades más felices» del país, o las ciudades donde la calidad de vida es mejor. En Italia son Trento y Bolzano, las que por término medio, se colocan en primera posición. En la clasifi-

32. A. de Tocqueville, *La Democracia en América*, parte II, México, FCE, 1984, p. 633.

33. Para profundizar más véase la tesis sostenida por Emanuele Felice en *Storia economica della felicità*, Bolonia, Il Mulino, 2017, en el cual el desarrollo económico está vinculado al tejido de las relaciones sociales, al «sentido de la vida» del individuo y de la colectividad, y también a la esfera de los derechos. Pero véase también, para tener una idea del planteamiento de esta línea de estudios, B. S. Frey, A. Stutzer, *Happiness and Economics. How the Economy and Institutions Affect Well-being*, Princeton, Princeton University Press, 2002; D. C. Bok, *The Politics of Happiness. What Government Can Learn From the New Research on Well-being*, Princeton, Princeton University Press, 2010.

cación de los países europeos es Finlandia la que ocupa el primer puesto desde hace años.

Diferente, pero no menos actual, es el tipo de enfoque que entiende la felicidad individual y social en términos de deseo y de disfrute del consumo. Estamos aquí, para decirlo como Tocqueville, en el ámbito de la «facilitación de los placeres». O, para decirlo con Arendt, en el ámbito en el que reinan «los apetitos ávidos y vehementes» y donde «las cosas han de ser devoradas y descartadas casi tan rápidamente como aparecen en el mundo».[34] Acerca de esto, los estudios críticos sobre la sociedad consumista y sobre la estrategia económica que la alimenta hablan de deseo compulsivo, de goce inextinguible, de frenesí y de neurosis hedonista. El tema es demasiado complejo para tratarlo en pocas palabras, pero ofrece una muy valiosa inspiración para evitar confundir el concepto arendtiano de felicidad pública con la noción sociológica, psicológica, política y, sobre todo, económica de felicidad, colectiva o privada, utilitarista o hedonista, que está en el centro del debate contemporáneo. La bibliografía sobre el tema es impresionante y abarca ampliamente desde los estudios especializados hasta el sentido común. Basta recordar que desde 2013 las Naciones Unidas fijaron la celebración del «Día internacional de la felicidad» y que cada año publican un *Annual Happiness Report* cuyos índices sirven de referencia para otras clasificaciones similares. Además, existe una revista académica con el título *Journal of Happiness* que cubre un repertorio temático muy vasto y variado. Como ya se ha dicho, es imponente el número de publicaciones de todo tipo de disciplinas que, revisitando el principio de maximización de la felicidad de Bentham, analizan con argumentos y gráficos cómo y hasta qué punto los dispositivos de gobierno hoy son capaces de medir, corre-

---

34. H. Arendt, *La condición humana, op. cit.*, pp. 140-141.

gir, incrementar y asegurar un cierto estándar de felicidad individual y social. El tema de la felicidad pública como emoción explícitamente política, por el contrario, recibe muy poca atención.[35] En cuanto a la felicidad como goce desenfrenado de consumo y, por lo tanto, como diversión y satisfacción de cualquier estímulo hedonista, hace de contrapeso perfecto a esta ausencia de atención respecto a la felicidad pública, y posiblemente es una de las causas del éxito de los cursos universitarios y de los libros de autoayuda sobre la felicidad, mencionados más arriba, que prometen a estudiantes y a lectores escapar de la neurosis que esta genera mediante una suerte de beatitud interior.

La anomalía de Arendt dentro de la historia del pensamiento político resalta de manera acusada también desde este punto de vista. Parece que el concepto arendtiano de felicidad pública sea aparentemente poco actual, pero al mismo tiempo es extraordinariamente de actualidad si, desde la perspectiva de Arendt, observamos algunos fenómenos políticos del presente con ojos distintos. Depende de las ocasiones que tengamos de experimentar la emoción y de nuestra capacidad de encontrar las palabras para expresarla. Estas ocasiones, en tiempos recientes, se han dado con frecuencia. Por ejemplo, con «La marcha de las mujeres», en enero de 2017, cuando millones de mujeres han invadido las plazas de Washington y de centenares de otras ciudades del mundo, participando en demostraciones de resistencia y de protesta descritas como experiencias de energía afirmativa y de gozo. O también con «The march for our lives», en marzo de 2018 en Florida y en otros

---

35. En este sentido es paradigmático el artículo de R. Guess «Happiness and Politics» (en *Arion. A Journal of Humanities and the Classics* 10 [2002], pp. 15-33), que, a partir de un texto de Saint-Just, vuelve a interrogarse sobre el concepto de «felicidad pública» desde distintos y documentados ángulos, entre los cuales, sin embargo, no está la perspectiva de Arendt.

lugares, cuando millares de jóvenes han podido experimentar en los hechos y en un espacio compartido, como entonces los estudiantes del Mayo del 68, su derecho a la libertad de palabra como componente esencial de la felicidad pública. Y también con la oceánica «Marcha por el clima», del 15 de marzo de 2019, que ha visto a niños y adolescentes manifestar su protesta pacíficamente y gozosamente descubriendo, de repente, la emoción de la política participativa.

Obviamente hay un salto cualitativo —que tendremos que analizar antes o después— en este tipo de enfoque, que aplica la categoría arendtiana de pluralidad a una subjetividad colectiva más amplia. Así como hay un esfuerzo evidente de acentuar la emoción de la participación en perjuicio de la de protesta. Aún así, si tenemos en mente ciertas páginas de Arendt en *Sobre la revolución*, la impresión de un redescubrimiento genuino de la felicidad pública, también en nuestros días, continúa estando ahí. Como si estas formas de manifestación y de demostración, aunque ramificadas por un movimiento de resistencia y de protesta, y pese a estar caracterizadas por un número de participantes que dilata el espacio público hasta el extremo y amenaza la plausibilidad misma del concepto de pluralidad, fuesen las formas actuales de una experiencia de lo político en la cual «sucede» a los actores sentir la emoción de una democracia surgente. Es decir, como si fuesen espacios de participación en los cuales «ocurre» a los participantes el descubrir y reconocer aquella felicidad pública que se transmite de generación en generación como un tesoro escondido.

4
Plazas políticas

En la novela autobiográfica *El regreso*, el escritor libio Hisham Matar, que vive y trabaja en Londres desde hace años, explica su retorno a Libia en 2012, en busca de la verdad sobre la suerte de su padre, un opositor del régimen de Gadafi que fue arrestado y que «desapareció» para siempre en las prisiones libias.[1] Hisham Matar encuentra a parientes y amigos, entre los cuales se halla su primo Marwan, un juez de Bengasi que le describe su implicación personal al comienzo de las «Primaveras árabes» en Libia. Marwan explica que la noche del 15 de febrero de 2011, dos días antes del inicio de la revolución, junto con unos doce colegas había organizado una protesta por el arresto de Fathi Terbil, un abogado que había representado a los parientes de más de mil prisioneros políticos asesinados en las cárceles del dictador. Llevando a cabo un gesto que ellos mismos consideraban «un mero gesto simbólico», se pusieron en la escalinata del tribunal de Bengasi «con la brisa fría del invierno y el mar, invisible en la noche, murmurando al fondo». La noche siguiente estaban de nuevo en sus puestos delante del tribunal y se esperaban una carga. «En cambio, lo que emergió a través de las calles oscuras aledañas fueron las fami-

1. H. Matar, *El regreso*, Barcelona, Salamandra, 2017.

lias de los fallecidos, [...] llegaron centenares de personas y el día siguiente el número se elevó a miles. El 17 de febrero, fecha de la que la revolución tomó el nombre, las autoridades cargaron y mataron a varios manifestantes. En lugar de asustar a la gente, eso produjo el efecto contrario». La multitud aumentó y la gente continuó reuniéndose y manifestándose. En lugar de salir de la oscuridad como en la noche de la protesta en los escalones del tribunal, ahora los cuerpos se mostraban abiertamente, conspicuos y resistentes. El escritor explica que en aquellos días se fundó un nuevo periódico, llamado *Al-Mayadin*, que significa «plazas». Los editores habían querido llamarlo así porque «en Túnez, Egipto y aquí todas las revoluciones han estallado en plazas públicas».[2]

Evidentemente, los periodistas de *Al-Mayadin* comprendieron que la peculiaridad política del fenómeno se hallaba precisamente en lo que sucedía en las plazas públicas: plazas abarrotadas, durante días y noches, por millares de personas que proclamaban su derecho no solo a estar allí y a tomar la palabra, sino también a vivir y a sobrevivir, a dormir y a comer en un espacio público. También los observadores occidentales, que acuñaron la expresión «Primaveras árabes», comprendieron que se trataba de una experiencia política particular, concentrada en el papel y en la organización funcional de la plaza. En efecto, si es verdad que las plazas invadidas por las multitudes pertenecen al imaginario tradicional de la revolución, las árabes se presentaban de todos modos como plazas distintas, organizadas para durar como espacios públicos de resistencia y convivencia: con campamentos de tiendas dotados con puntos de distribución de agua y comida, emplazamientos de asistencia e instalaciones para el suministro de curas médicas. Tal como ha señalado Judith Butler en *Cuerpos aliados y lucha política. Hacia*

2. H. Matar, *El regreso*, *op. cit.*, pp. 114-115.

una teoría performativa de la asamblea, los cuerpos y las necesidades corpóreas para vivir, en este caso, estaban en primer plano en el espacio común de resistencia y de protesta. Butler se refiere, además, no solo a las plazas árabes sino también a fenómenos políticos que en otras partes reprodujeron el modelo. Efectivamente, las plazas de las Primaveras árabes fueron contagiosas. Retransmitido en todo el mundo por televisión e internet, su imagen inspiró movimientos y modos de protesta en otras plazas del planeta. Hoy «acceder a cualquier plaza pública supone acceder a los medios que transmiten lo que allí acaece más allá de ese espacio y ese tiempo».[3] Con una notable rapidez, los que tomaron el nombre de «movimiento de la plaza» y de «política de la calle» se convirtieron en un fenómeno difuso; marcado, incluso en la diversidad de los distintos contextos, por un énfasis común en llevar a la práctica una democracia rigurosamente horizontal, directa, inclusiva y sin líder.[4] Los «Indignados» en España, cuyo lema era »¡Toma la plaza!», la llamaron democracia real, y defendieron su horizontalidad y heterogeneidad incluso contra la tendencia inevitable de los activistas, sobre todo, a tomar iniciativas y hablar.[5]

Cuando Judith Butler publicó *Cuerpos aliados y lucha política,* en 2015, el fenómeno de las plazas políticas ya se había difundido a nivel mundial. La filósofa estadounidense cita, entre las escenas más conocidas, la de «Occupy Wall Street»

---

3. J. Butler, *Cuerpos aliados y lucha política. Hacia una teoría performativa de la asamblea,* Barcelona, Paidós, 2017, p. 169.

4. Véase el estudio comparado y colectivo M. Ancelovici, P. Dufour, H. Nez (eds.), *Street Politics in the Age of Austerity,* Ámsterdam, Amsterdam University Press, 2016.

5. Véase el iluminador ensayo de H. Nez «"We must register a victory to continue fighting" Locating the actions of Indignados in Madrid», en M. Ancelovici, P. Dufour, H. Nez (eds.), *Street Politics in the Age of Austerity, op. cit.,* pp. 121-145.

en Nueva York, la de los «Indignados» en España y la de Parque Gezi en Estambul, pero también se refiere a la miríada de acontecimientos, grandes o pequeños y más o menos duraderos, que denomina «manifestaciones contra la precariedad». La edición inglesa del libro se titula *Notes Toward a Performative Theory of Assembly*, título muy elocuente. El punto de mira de la reflexión de Butler es la forma asamblearia de una interacción política que encuentra el lugar y la expresión en un espacio público ocupado e interactuado por cuerpos reales. Es precisamente esta dimensión corpórea la que está en el centro de la atención de la autora y la que le permite revisitar de manera original el concepto de democracia. «No podemos seleccionar una concentración de personas de carácter provisional y pasajero y decir que "es la democracia en acción", dando a entender que todo lo que esperamos de la democracia está representado de manera emblemática en esa manifestación», escribe Butler. «Tales congregaciones son necesariamente temporales, y este cariz transitorio está ligado a su función crítica»; esto significa, concluye Butler, que «estas concentraciones se nos presentan como uno de los momentos en que se manifiesta una democracia incipiente, como uno de esos episodios "fugaces" en que la democracia se pone en acción».[6] Por lo tanto, se podría hablar con pleno derecho de democracia surgente, una democracia observada precisamente en su momento incipiente. La insistencia de Butler en los cuerpos, sobre su performatividad en acto y sobre el hecho de cómo exhiben la precariedad de la vida corpórea, confiere a su discurso un cariz particular: «Es importante que las plazas públicas rebosen de gente, que los reunidos coman y beban allí, que canten y se nieguen a ceder ese espacio, como ha sucedido en las manifestaciones convocadas en la plaza Tahrir y en otros muchos lu-

6. J. Butler, *Cuerpos aliados y lucha política, op. cit.*, pp. 27 y 28.

gares del mundo», subraya Butler.[7] Según ella, aquello que vemos cuando los cuerpos se reúnen en las plazas o marchan por las calles, de hecho, «es lo que se podría llamar el ejercicio performativo de su derecho a la aparición, es decir, una reivindicación corporeizada de una vida más vivible».[8]

La tesis de Butler es categórica:

> De hecho, en la política de la calle que se ha venido practicando en los últimos años, en el movimiento Occupy, en los primeros momentos de la plaza Tahrir, en la Puerta del Sol, en el parque Gezi y en el movimiento brasileño de las favelas, en todos ellos, las necesidades básicas del cuerpo estaban en el centro de la movilización política: *estas necesidades estaban representadas en la escena pública antes que cualquier reivindicación política*. Frente a una situación dominada por las fuerzas de la privatización, los servicios públicos en retroceso y los ideales de lo público devastados por las formas neoliberales de la racionalidad, los cuerpos necesitan alimento y cobijo, protección frente a las lesiones y la violencia, amén de libertad para moverse, para trabajar, para acceder a los servicios sanitarios; y no solo eso: los cuerpos necesitan a otros cuerpos para su sostén y su supervivencia.[9]

Se trata, insiste Butler, de cuerpos performativos que comparten «un espacio de aparición», confirmando y mostrando su condición esencial de pluralidad y, sobre todo, de precariedad.

En este libro, más que en otros, la referencia de Butler al vocabulario arendtiano es intencional y explícita. La filósofa estadounidense, en primer lugar, aprecia de Arendt la categoría de pluralidad y la acepción de política como espacio de aparición.

---

7. J. Butler, *Cuerpos aliados y lucha política, op. cit.*, p. 98.
8. *Ibid.*, p. 31.
9. *Ibid.*, p. 183.

Subraya varias veces que «siendo actores políticos estamos participando, poniendo en marcha esa acción desarrollada en términos de igualdad con otros humanos», y reconoce que «esta es una idea de Hannah Arendt que sigue siendo importante en las luchas por la democracia de nuestra época».[10] Precisamente sobre el tema, para ella fundamental, de la expresividad de los cuerpos respecto a la reivindicación de vidas vivibles, es decir, de aquella «dimensión corporal de la acción» que es aún más evidente «en aquellos casos en que se lucha por la comida, el empleo, la movilidad y el acceso a las instituciones»,[11] Butler toma distancia de Arendt inexorablemente y la critica con severidad.

El principal objeto de esta crítica es la distinción arendtiana entre esfera pública y esfera privada, la primera entendida como ámbito de la acción concertada y, por eso mismo, de la política, y la segunda entendida como ámbito en el cual, con el trabajo, se proporcionan la reproducción y la cura de los cuerpos y, por eso mismo, las necesidades biológicas de la vida. Se trata de un punto muy discutido de la literatura crítica respecto a Arendt y, principalmente, del punto en el cual se basa su aún más discutida separación entre la esfera política y la económica y social. Refiriéndose a la interpretación de «varias teorías feministas», Butler observa que el modelo de *polis* antigua, al cual Arendt apela para distinguir la esfera pública de la privada, reservaba la primera a los varones libres y destinaba la segunda a las mujeres y esclavos: hecho del que Arendt, como se ha dicho, deja constancia puntualmente, pero sobre el cual no emplea argumentos críticos satisfactorios. Por otra parte, lo que molesta a Butler no es tanto la cuestión de género o del sexismo en la antigua *polis*, sino la tesis arendtiana según la cual el ámbito del trabajo y de las necesidades biológicas de la vida

10. J. Butler, *Cuerpos aliados y lucha política, op. cit.*, p. 58.
11. *Ibid.*, p. 78.

es prepolítico e impolítico y, por esto mismo, se halla excluido del espacio público de la aparición. Dicho de otro modo, si bien Arendt insiste en la dimensión espacial y material de la interacción política, es decir, sobre la presencia en carne y hueso de los actores que actúan concertadamente, todo aquello que concierne a las necesidades de sus cuerpos físicos — como el trabajo que se ocupa de estas necesidades— es relegado por ella *fuera* de este teatro plural y desplazado a la esfera privada. En la cual, como puntualiza Butler, encontramos «la cuestión de las necesidades, la creación de las condiciones materiales de la vida y los problemas de la transitoriedad, la reproducción y la muerte igualmente; es decir, todo lo que concierne a la vida precaria».[12] Para Arendt, dicho brevemente, la experiencia de la libertad pública requiere la presencia de cuerpos, pero no se ocupa de cuerpos. Butler escribe:

> La perspectiva de Arendt encuentra aquí sus limitaciones más evidentes, por cuanto el cuerpo, en su concepción, se encuentra escindido en dos: el que se presenta en la escena pública para hablar o actuar, y el que es sexual y trabajador, femenino y extranjero, que está relegado al silencio y generalmente confinado en la esfera privada y prepolítica. Esta división del trabajo es lo que justamente se pone en cuestión cuando en la calle se reúnen vidas precarias con el fin de dar forma a alguna alianza con la cual poder reclamar un espacio de aparición.[13]

La vida del cuerpo —su hambre, su necesidad de amparo y de protección de la violencia— pasa a ser la preocupación principal de la política.[14]

---

12. J. Butler, *Cuerpos aliados y lucha política*, *op. cit.*, p. 120.
13. *Ibid.*, pp. 89-90.
14. *Ibid.*, p. 99.

Las razones de la discrepancia de Butler respecto al pensamiento arendtiano se sintetizan muy bien cuando la filósofa estadounidense declara:

> Arendt sí que plantea el problema del cuerpo, del cuerpo localizado, del cuerpo que habla en el «espacio de aparición», donde surge como parte de la acción política; pero no tiene intención de refrendar una política que luche por superar las desigualdades en la distribución de los alimentos, que ratifique el derecho a la vivienda y que apunte a las desigualdades en la tarea reproductiva.[15]

Para decirlo brevemente, Arendt excluye clamorosamente de la política a la llamada «cuestión social», como quiera que sea entendida. Con lo cual, teniendo en cuenta que históricamente la democracia ha sido el medio a partir del cual los pobres y los desheredados han intentando acceder a la política para cambiar su propia condición, se hace muy complicado repensar la misma idea de democracia apelando a Arendt. Pero hace aún más arduo el hecho de repensarla de manera radical, como hace Butler, poniendo en el centro de la escena democrática, entendida como «espacio de aparición», justamente a las necesidades básicas del cuerpo y a su condición de precariedad. Como bien sabe Butler, citándola con acierto, el punto más indigesto de la hostilidad arendtiana hacia la inclusión de las necesidades corpóreas en el ámbito de la política encuentra su expresión en su anómala y casi escandalosa interpretación de la Revolución francesa.

Una de las tesis centrales, y también más discutidas, del libro de Arendt *Sobre la revolución* sostiene que la Revolución francesa, al contrario que la estadounidense, no ha podido

---

15. J. Butler, *Cuerpos aliados y lucha política, op. cit.*, p. 120.

experimentar, como no sea marginalmente, la emoción de la felicidad pública, a causa de la centralidad de la cuestión social en la escena revolucionaria, encarnada por los pobres que, empujados por el hambre y por la necesidad, «se movían en oleadas por las calles», es decir, por la masa de los miserables que buscaban «emanciparse de las necesidades de la vida»; «el resultado fue que la necesidad invadió el campo de la política, el único campo donde los hombres pueden ser auténticamente libres».[16] Desde entonces, continúa Arendt, «las "necesidades reales" determinaron el curso de la Revolución»,[17] dejando como herencia a los descendientes el concepto de revolución como movimiento irresistible y violento de multitudes insurgentes que aún prevalece en el imaginario occidental. En otras palabras, según Arendt, así como la Revolución estadounidense ha redescubierto aquella experiencia de felicidad pública que nuestro imaginario sobre la revolución desgraciadamente no ha sabido heredar y que, por tanto, debe «redescubrir» una y otra vez, la Revolución francesa, en cambio, ha hecho que el deseo imposible de las multitudes de liberarse de las necesidades de la vida invadieran indebidamente, tanto en los modos como en los contenidos, la esfera política de la libertad y prevaleciese en nuestra percepción del paradigma revolucionario. En efecto, y vale la pena repetirlo, en términos arendtianos se trata sobre todo de focalizar el contraste entre el movimiento de *liberación* —no solo de la opresión, sino también del hambre y de la indigencia— y la experiencia compartida de la *libertad* política. Por esto, como Butler señala justamente, se trata también del «intento categórico de distinguir el ámbito político del económico», con el añadido de que, para Arendt, no solamente «aquellos

16. H. Arendt, *Sobre la revolución, op. cit.*, pp. 150-151.
17. *Ibid.*, p. 145.

que actúan impulsados por necesidad actúan con el cuerpo»,
sino que «la libertad solo pueden alcanzarla quienes, en definitiva, no padecen hambre».[18]

También en escritos precedentes en los que se confronta
con Arendt, Butler no esconde su rechazo de la valorización
arendtiana de un modelo de política como es el de la *polis*
griega, que implica la esclavitud. En *¿Quién le canta al estado-
nación? Lenguaje, política, pertenencia*, Butler anota que en este
modelo interviene «el mecanismo político de privación que
comienza a funcionar categorizando a aquellos que pueden o
que no pueden gozar del ejercicio de la libertad».[19] Situados
en el ámbito doméstico del trabajo y de la reproducción, mujeres y esclavos son privados de la capacidad de ser libres. Es
como si la elaboración misma del concepto de «esfera pública»
para Arendt comportase un dispositivo expulsivo de tipos de
vida impolíticos y serviles. Es cierto que, como admite Butler
en *Cuerpos aliados y lucha política*, pensar una democracia radical con Arendt significa también, en esta y en otras ocasiones,
pensarla contra Arendt. De todos modos, al dirigir su atención
a la forma directa, materialmente participativa y no representativa de la experiencia de la antigua *polis*, Arendt tiene el mérito de reelaborarla proponiendo una idea de política que
exalta la relacionalidad en acto de una pluralidad encarnada.
Butler, precisamente, está más que dispuesta a apropiarse de
estas categorías arendtianas para conceptualizar la específica
forma asamblearia y performativa de política que le importa,
una forma caracterizada por la interacción plural y por la exposición corpórea de personas que ocupan y comparten un
espacio público de aparición.

18. J. Butler, *Cuerpos aliados y lucha política, op. cit.*, p. 52.
19. *Id.* y G. C. Spivak, *¿Quién le canta al estado-nación? Lenguaje, política,
pertenencia*, Buenos Aires, Paidós, 2009, p. 57.

El primer paso de esta conceptualización, escribe Butler, consiste en la aproximación a «un concepto de la pluralidad que vaya ligado a la performatividad y a la interdependencia»,[20] lo cual, en el léxico de la autora, significa una precariedad compartida y una preocupación común por producir, en el mismo lugar de la aparición, la condición que hace vivibles las vidas. Lo que cuenta más, para la mirada de Butler dirigida a estas plazas abarrotadas y politizadas, no es solo el fenómeno de personas que se reúnen y se manifiestan, sino también su compromiso recíproco para generar, en el lugar que ocupan, una nueva forma de socialización en la cual las necesidades de los cuerpos —alimento, morada, protección de la injuria y de la violencia— se toman en consideración. Llegados a este punto —vital para Butler, que afirma que «la precariedad es indisociable de esa dimensión de la política que se ocupa de la organización y protección de las necesidades del cuerpo»—,[21] Arendt no puede ser, ciertamente, ningún apoyo.

Butler tiene razón cuando afirma que la democracia participativa imaginada por Arendt postula la presencia de los cuerpos o, en términos butlerianos, de cuerpos que hablan, comunican, significan en un espacio común de pública aparición. Es decir, tiene razón al subrayar que «para Arendt, la acción política tiene lugar porque el cuerpo está presente».[22] Pero continúa el problema de que, si bien Arendt insiste en la dimensión física del espacio de aparición —un espacio abierto de una pluralidad de actores-espectadores que quieren o tienen que verse y escucharse los unos con los otros—, sin embargo no solo se abstiene de focalizar la propia atención sobre el cuerpo de un modo convincente, sino que, además, y progra-

20. J. Butler, *Cuerpos aliados y lucha política*, *op. cit.*, p. 152.
21. *Ibid.*, p. 121.
22. *Ibid.*, p. 81.

máticamente, desplaza a otro lugar la cuestión de las distintas y concretas necesidades que la condición corpórea lleva consigo. Todo lo que tiene que ver con esta cuestión permanece en la oscura materia privada, prepolítica e impolítica. Contraponiéndose a Arendt, en cambio, Butler sostiene que los cuerpos que se reúnen en un espacio público, exponiendo su precariedad y produciendo «las condiciones bajo las cuales la interdependencia y la vulnerabilidad puedan experimentarse como algo vivible», llaman nuestra «atención sobre las condiciones en que los cuerpos sobreviven, persisten y se desarrollan en el marco de una democracia radical».[23] Butler insiste sobre todo en el amplio espectro de la significación material inherente a la performatividad de los cuerpos, una «performatividad del animal humano [que] se desarrolla a través de los gestos, de los movimientos al andar, de las formas que adopta la movilidad, el sonido y la imagen, así como otros medios expresivos que no pueden reducirse a las formas públicas del discurso verbal».[24] Por consiguiente, y para decirlo de una manera un poco drástica, así como Arendt, fiel a la definición aristotélica del hombre como *zoon logon echon*, considera que lo que esencialmente cuenta en el «cuerpo parlante» que actúa en un espacio público es la palabra, Butler considera que «nuestra manera de reunirnos en las calles, de cantar y corear consignas o incluso de quedarnos en silencio puede formar parte (y de hecho lo hace) de la dimensión performativa de la política».[25]

La cuestión no es baladí porque amplía la fenomenología de lo político a la dimensión vocal, es decir, sugiere que estos momentos incipientes de democracia surgente poseen una fonosfera peculiar propia.

23. J. Butler, *Cuerpos aliados y lucha política, op. cit.*, pp. 218-219.
24. *Ibid.*, p. 208.
25. *Ibid.*

Por lo que se refiere a la palabra como actividad verbal, Butler lleva su reflexión aún más allá cuando subraya el papel primario de la vocalidad, es decir, de la significación de los cuerpos plurales que expresan su unicidad corpórea haciéndose escuchar vocalmente. Esto es plenamente coherente con su tesis general de que «estas formas de reunión *[forms of assembly]* ya son significantes antes (y aparte) de las reclamaciones que planteen», ya que su performatividad corpórea «significa más» de lo que se dice.[26] La vocalización requiere una laringe, dice Butler; la pluralidad de los cuerpos tiene necesidad de órganos de fonación para expresarse, no solo para hablar sino también para producir sonidos que significan políticamente excediendo la esfera de la palabra. Es casi como si la felicidad pública, como la llamaría Arendt, tuviese precisamente una voz suya específica y plural, una sonoridad particular, una fonosfera peculiar de lo político.

Butler, a decir verdad, no habla de felicidad en *Cuerpos aliados y lucha política* y, al contrario que Arendt, no toma en consideración la contingencia de que la felicidad sea una categoría política. Sin embargo, si se observa con ojos arendtianos, el entusiasmo de Butler por la fenomenología asamblearia y su innovadora valía política parece aludir justamente al momento feliz de una forma naciente y surgente de democracia. Que esta forma sea transitoria y que a menudo no tenga una continuación estimulante —sino más bien al contrario, deprimente y profundamente alarmante— es bien conocido. En Libia, el fenómeno de las «Primaveras árabes» no ha dado ciertamente los resultados esperados por parte de aquellos que se habían movilizado por la democracia. Al respecto, Butler analiza con lucidez que, de entre las plazas políticas vistas en los últimos años, «algunas de ellas han creado nuevas forma-

---

26. J. Butler, *Cuerpos aliados y lucha política, op. cit.*, p. 15.

ciones estatales o nuevas situaciones de guerra que sin duda
provocan tantos problemas como los que generaron los regímenes anteriores».[27] Sintomáticamente, y retomando una vez
más una convicción de los antiguos griegos, Arendt escribe
que «el íntimo significado del acto actuado y de la palabra
pronunciada es independiente de la victoria y de la derrota y
debe permanecer intocado por cualquier resultado final, por
sus consecuencias para lo mejor o lo peor».[28] Y recordándonos
que la acción se parece a un «milagro»,[29] nos advierte que la
apertura de espacios políticos de aparición mediante la interacción, incluida la interacción revolucionaria, es un fenómeno
raro e intermitente en la historia humana, una historia en la
cual es frecuente, en cambio, que sistemas de poder nuevos
suplanten y cierren con violencia las experiencias felices de la
esfera pública, es decir, que tales experiencias desemboquen
en formas despóticas de dominio. En cierto sentido, por lo
menos en la medida en la que concentra su atención sobre la
fenomenología de las plazas políticas contemporáneas en su
transitoriedad temporal y sin dejar de señalar las derivaciones
tan a menudo decepcionantes, Butler es, por consiguiente,
genuinamente arendtiana. Y lo es también en otros puntos
decisivos. No es casualidad que su noción de democracia radical, no diferente de aquella arendtiana de poder, excluya la
violencia de la esfera de lo político de manera programática.
Ciertamente aparecen aquí muchos cuerpos que han sufrido
violencia pero que no quieren ni recurrir a ella ni revivirla.
Con convicción, Butler subraya que «las asambleas de esta
naturaleza solo pueden tener éxito si adoptan los principios
de la no violencia», es decir, solo si se confrontan con la vio-

27. J. Butler, *Cuerpos aliados y lucha política, op. cit.*, p. 94.
28. H. Arendt, *La condición humana, op. cit.*, p. 228.
29. *Ibid.*, p. 266.

lencia «sin reproducirla en sus propios términos», mostrando de esta manera cómo «se puede lograr una resistencia no violenta a la violencia».[30]

El interés de Butler por Arendt —que en *Cuerpos aliados y lucha política* se focaliza sobre todo en la valoración que hace del concepto de pluralidad y del espacio de aparición— se manifiesta ya en textos precedentes, en los cuales la filósofa estadounidense, revisitando el tema de los apátridas y de los refugiados, retoma con convicción la crítica arendtiana al Estado-nación. Butler aprecia de Arendt la visión de una pluralidad no solo interactiva sino también inclusiva y no violenta. Dicho de otro modo, a pesar de que Butler a menudo toma distancia respecto de Arendt, en su lectura de los textos arendtianos es posible encontrar un hilo tenaz y constructivo que exalta, desde el principio, la prometedora alianza entre política y no violencia. Butler, de entrada, busca y encuentra en Arendt un estilo de pensamiento que, más allá de enfrentarse valerosamente con la actualidad, sabe conjugar una crítica de la violencia con la imaginación de una forma de política que, más que oponerse simplemente o reaccionar a sistemas políticos opresivos, presenta los trazos innovadores de un modelo que tiene como objetivo exaltar la libertad y la espontaneidad de la interacción plural. En este aspecto, la relación de Butler con las categorías más originales de la obra arendtiana es productiva y sólida. No se puede decir lo mismo respecto al tema de la precariedad de las vidas intensamente vulnerables y de aquella serie de problemas, cada vez más urgentes en el mundo globalizado, que podríamos resumir bajo la rúbrica de la pobreza y de la justicia social. Enfrentarse a Arendt significa enfrentarse a este límite, es decir, enfrentarse a una posición que postula de manera radical una autonomía

---

30. J. Butler, *Cuerpos aliados y lucha política, op. cit.*, p. 188.

de lo político. Significa tomar nota de que lo que Arendt brinda en primer término a nuestras reflexiones es el concepto puro de una realidad política que corresponde a la fenomenología de una democracia observada en su surgir y en su contingente y frágil permanecer. Motivaciones, contenidos y resultados están, precisamente, fuera de su enfoque.

«El poder surge entre los hombres cuando actúan concertadamente y desaparece en el momento en que se dispersan», escribe Arendt, «y es en grado asombroso independiente de factores materiales, ya sea el número o los medios»,[31] puntualiza. En otras palabras, la pluralidad arendtiana es una pluralidad *cualitativa*, más que *cuantitativa:* el número de los presentes no cuenta, lo que cuenta es la cualidad política de su actuar concertadamente.[32] Justamente la dimensión espacial que es inherente a este actuar acaba de todas formas poniendo límites materiales, lo cual sugiere que el número de los actores no puede superar una cierta cantidad. Para interactuar en un espacio compartido, repite Arendt con frecuencia, los presentes tienen que verse y escucharse; la dimensión ideal es el *ágora:* una plaza, una sala, un lugar suficientemente grande que los contenga a todos.

Llegados a este punto se nos puede preguntar si, siguiendo a Butler en la aplicación de la categoría arendtiana de «espacio de aparición» en las «plazas políticas» de nuestros tiempos y, sobre todo, en las calles abarrotadas «de cuerpos que se manifiestan», no hemos forzado la mano demasiado. Que Arendt hubiera definido como genuinamente político el fenómeno de los cuerpos agolpados que marchan en señal de protesta es, por otra parte, poco probable. Forzando el espacio de aparición arendtiano para comprender este tipo de manifestaciones,

---

31. H. Arendt, *La condición humana, op. cit.*, p. 223.
32. Véase W. Heuer, «Plurality», *Arendt Studies* 2 (2018), pp. 53-56.

cómplices de los textos de Butler, hemos hecho una operación filológicamente incorrecta.

En verdad se ha tratado de una operación muy útil que nos pone finalmente delante de un problema importante y a esta altura ineludible. Nos obliga a tematizar, sin aplazarlo más, aquella tensión, no privada de puntos inquietantes de confusión y de permeabilidad, que conecta la escena en la cual se mueve la multitud con aquella en la que destaca la pluralidad. Con un tercer factor absolutamente crucial e incómodo, bien conocido por el pensamiento político del siglo XX, que antes o después es imprescindible nombrar: la escena de la masa. Son tres escenas no solamente diferentes, sino sobre las cuales hay una inmensa literatura crítica. Dicho de otro modo, los términos *pluralidad* y *masa*, entre los que a veces hace de intermediario aquel aparentemente más difuminado de *multitud*, ocupan un lugar bien distinto y, para ser más precisos, contrario, en el organigrama del léxico político y de la fenomenología de los sujetos colectivos que nos ocupan. Y es justamente la categoría arendtiana de pluralidad que hemos adoptado con un cierto entusiasmo la que nos obliga a dar cuenta de las implicaciones de este tipo de léxico y de los problemas de esta fenomenología. Como bien sabe Butler, las aglomeraciones de cuerpos no siempre expresan la felicidad pública de una democracia surgente cualitativamente plural. Y no siempre los sujetos colectivos que ocupan las plazas y marchan por las calles lo hacen bajo el signo, también emocional, de una democracia incipiente. La cuestión es crucial y no es sencilla en lo más mínimo. ¿Qué criterios nos permiten distinguir la pluralidad de la multitud y, sobre todo, de la masa?

Dúo

Fonosferas de lo público

5

La voz de la masa

Existe un problema crucial que hace que los arendtianos más cautos susurren entre ellos cuando piensan que nadie los está escuchando. Es el mismo problema con el cual, actualmente, cualquier intento de repensar la democracia en su estado germinal, antes o después, tiene que rendir cuentas. Judith Butler lo formula claramente cuando escribe: «no voy a decir que esos cuerpos congregados en un lugar sean algo positivo, o que debamos celebrar las manifestaciones multitudinarias, o que los cuerpos reunidos en la calle constituyan un cierto ideal de comunidad o, incluso, una política novedosa digna de elogio».[1] Las aglomeraciones de cuerpos y las plazas abarrotadas no son intrínsecamente positivas o negativas, «tienen distinto valor en función del motivo por el que se hayan juntado y de la forma que adopte dicha reunión».[2] Los cuerpos que se manifiestan pueden aludir también «tanto a manifestaciones de tendencia conservadora como a la concentración de fuerzas militares para reprimir manifestaciones o para hacerse con el poder, como también a turbas enardecidas o movimientos

---

1. J. Butler, *Cuerpos aliados y lucha política. Hacia una teoría performativa de la asamblea*, Barcelona, Paidós, 2017, p. 126.
2. *Ibid.*

populistas contrarios a la inmigración que se apoderan del espacio público».[3] Y podríamos añadir, para equilibrar la balanza desde el punto de vista ideológico, los cuerpos de los manifestantes de movimientos de protesta como el *Black Bloc* y el de los chalecos amarillos, cuya movilización acaba en actos vandálicos, destructivos y violentos. Para decirlo brevemente, es necesario un criterio para definir como «democrática» a una plaza política y, aún más, a una multitud de manifestantes en marcha. Para Butler el criterio consiste en considerar preferibles «esas manifestaciones que tratan de hacer realidad los principios de la justicia y la igualdad» y que «están verdaderamente al servicio de la materialización de la propia democracia».[4] No es suficiente observar la fenomenología material de la plaza, aquello que Butler a menudo denomina «asamblea de los cuerpos», para hablar de democracia. Cuentan, antes que nada, las motivaciones, los valores, los contenidos, las ideas que esta expresa, además de los *modos* —para Butler, la consideración de la precariedad de los cuerpos y la resistencia no violenta a la violencia— con los cuales la plaza misma se organiza. Hacen bien, entonces, estos arendtianos que susurran entre ellos acerca de este problema: la insistencia de Arendt en un concepto puro de lo político, su predilección por una política definida *iuxta propria principia* que se concentra en los modos en detrimento de los contenidos, amenazan con dejarlo por mucho tiempo sin solución.

Butler toma distancia de «quien dice que esos cuerpos activos y reunidos en la calle constituyen una multitud poderosa y en ebullición constante, que son en sí mismos una acción o acontecimiento propio de la democracia radical»; y se declara poco dispuesta a apoyar a esas «multitudes en ebullición *[surging*

3. J. Butler, *Cuerpos aliados y lucha política, op. cit.*, p. 126.
4. *Ibid.*, pp. 126-127.

multitudes]» que regenerarían la política con la «fuerza naciente y prometedora» de «la acción colectiva».[5] Prefiere, en cambio, apoyar «una lucha que defienda unas condiciones de vida más favorables frente a la precariedad impulsada sistemáticamente y frente a las formas de indigencia racial».[6] Así pues, su elección está tomada tanto por los modos como por los contenidos. A decir verdad, antes que nada es una elección implícita, que tiene relación con el nombre que se le da al sujeto colectivo que entra y que actúa en el espacio público: *pluralidad*, en vez de *multitud* o de *masa*, un término aún más comprometido. Efectivamente, en nuestra necesidad, no solo especulativa, de definir como «democráticas» solamente a algunas «plazas» y no a otras, a algunos «espacios de aparición» y no a otros, es obligatorio hacer una reflexión acerca de esta nomenclatura.

Arendt ocasionalmente utiliza —a veces en sentido neutro, pero sobre todo despreciativamente— la palabra «multitud», adoptándola a veces como sinónimo de «masa», sobre cuyo concepto desarrolla, en cambio, un análisis extenso y detallado en su libro sobre el totalitarismo. Su tesis de fondo es que los movimientos totalitarios encuentran un terreno fértil «donde existen masas que, por una razón u otra, han adquirido el apetito de la organización política».[7] En la época en la que Arendt escribe estas palabras, a principios de los años cincuenta, el término «masa» tiene ya una prodigiosa historia a sus espaldas, una miríada de estudios —sociológicos, psicológicos y políticos— que la describen como un conglomerado indiferenciado de individuos que se funden en esta como un solo cuerpo. El fenómeno, dice Arendt, se puede comprobar por «el típico sentimiento masivo de la superfluidad del hombre», caracte-

---

5. J. Butler, *Cuerpos aliados y lucha política, op. cit.*, p. 184.

6. *Ibid.*

7. H. Arendt, *Los orígenes del totalitarismo*, Madrid, Alianza, 2006, p. 438.

rístico de las masas,[8] es decir, por la reducción de la pluralidad humana a una masa de seres superfluos que, según ella, constituye el núcleo más oscuro del totalitarismo y encuentra su culminación definitiva en los campos de exterminio.

El término en español «masa», el alemán *die Masse* y los correspondientes *foule* en lengua francesa y *crowd* o *crowds* en lengua inglesa tienen una etimología iluminadora. «Masa» deriva del griego *maza*, que significa masa, como la que se usa para hacer el pan; no es muy distinto del étimo de la palabra italiana *folla* (en español «multitud», «muchedumbre»), derivado del verbo latino *fullare*, que significa apretar, aplastar, por ejemplo la uva o la lana. Igual que el inglés *crowd*, que proviene del verbo medio alto alemán *kroten*, apretar, compactar.[9] El concepto implícito en esta terminología denota un conglomerado que, por la presión de sus componentes, resulta compacto, indiferenciado y uniforme, es decir, algo cuya sustancia es una unidad individual y homogénea a pesar de ser amorfa, móvil y tendencialmente incontenible. En la masa, por principio, la individualidad —y con mayor razón la unicidad— se desvanece en la unidad indistinta del sujeto colectivo.

En apariencia, una palabra como «multitud», que hoy en día está particularmente en auge para exaltar a las muchedumbres insurgentes, se escapa de la idea de unidad evocada por la masa, y alude más bien a una consistencia molecular. Ya Platón, enemigo acérrimo de la democracia y paladín de toda la posterior cadena de antidemocráticos, daba al *demos* y a la plebe el nombre de «muchos» *(hoi polloi)* con una intención evidentemente despreciativa. Lo mismo sucede con el sustantivo *multitudo* en los textos latinos, donde es usado con frecuencia como sinónimo

8. H. Arendt, *Los orígenes del totalitarismo*, op. cit., p. 438.

9. Véase E. Gentile, *Il capo e la folla*, Roma, Bari, Laterza, 2016, p. VIII; S. Jonsson, *Crowds and Democracy*, Nueva York, Columbia University Press, 2013, p. XIX.

de «plebe» y «vulgo», entendidos en un sentido peyorativo. Aunque sea minoritario, en los autores antiguos y modernos encontramos también un uso diferente de esta misma nomenclatura, concretamente un uso positivo de los mismos lemas que, sintomáticamente, acaba haciendo una apelación al «pueblo». Ciertamente, mientras «vulgo» mantiene siempre un valor negativo en el uso del término, tanto la palabra «plebe» (referida a un orden social que, no lo olvidemos, en Roma tuvo a los hermanos Graco entre sus tribunos ilustres) como términos del tipo «multitud», «muchedumbre», «masa» y, más aún, «pueblo», aparecen en los tratados de política también con una valencia positiva.[10] Se trata sustancialmente de términos ambiguos: su valencia depende de la perspectiva política de quien lo usa y, por eso mismo, de la validación positiva o negativa que estos obtienen en el diverso contexto ideológico y argumentativo. Vale la pena recordar que, al contrario que Hobbes, Spinoza, a quien no por casualidad actualmente apelan los que apoyan a las «multitudes insurgentes», usa *multitudo* en un sentido positivo y afirmativo. Lo mismo se puede decir del concepto marxista de «masa proletaria». Pero el hecho es que, prescindiendo de su uso despreciativo o elogioso, tanto el concepto de «multitud» como el de «masa» denotan un sujeto colectivo que tiende a englobar la individualidad de las personas haciéndola, si no superflua, insignificante. Con este tipo de nomenclatura estamos, por lo tanto, ante una vertiente del todo opuesta a aquella en la que se sitúa la categoría arendtiana de pluralidad, la cual, lejos de aglutinar a los individuos, exalta justamente la unicidad encarnada, distintiva y mostrativa de aquellos que la componen. Hace de la unicidad de los interactuantes su cualidad.

10. Véase P. Cristofolini, «*Populus, plebs, multitudo*. Nota lessicale su alcuni interscambi e fluttuazioni di significato da Livio e Machiavelli a Spinoza», Laboratorio dell'ISPF (2008), http://www.ispf-lab.cnr.it/system/files/ispf_lab/documenti/multitudo_cristofolini.pdf.

Los estudiosos que, en la modernidad, dirigen su atención a la masa son muchos y muy variados. Entre ellos se encuentran autores como Gustave Le Bon, Sigmund Freud, Max Weber, Elias Canetti y muchos otros. A pesar de la distinta articulación de sus argumentos y de sus planteamientos disciplinares, comparten la tesis de que la fenomenología de las masas se caracteriza estructuralmente por las pulsiones «irracionales» de los individuos por fundirse en una colectividad amorfa. La obsesión por el tema de la masa empieza a partir de los últimos decenios del siglo XIX y deviene dominante en el periodo de entreguerras, que la literatura sobre el tema define como «era de las masas». En esta época convulsa, propensa a los autoritarismos, además de funcionar como «instrumento conceptual para los científicos sociales», la masa se convierte en «un eslogan para los políticos, una imagen para artistas y escritores, y para todos aquellos que se esfuerzan por representar una sociedad en ebullición y un pueblo en sublevación».[11] Un estudio sociológico de los años veinte proporciona, entre las varias definiciones de «masa», también aquella, que después será predominante, de «asociación temporal de personas en estado de fuerte excitación (como el éxtasis o el pánico), en el cual la autoconsciencia y las más altas facultades espirituales retroceden considerablemente (y sin ninguna señal de consciencia colectiva en el sentido de una comunidad)».[12]

Anticipando un argumento que será recurrente, Gustave Le Bon, que publica su texto pionero *Psicología de las masas* en 1895,

11. S. Jonsson, *Crowds and Democracy, op. cit.*, p. 9.

12. A. Vierkandt, *Gesellschaftslehre: Hauptprobleme der philosophischen Soziologie* (1928), citado por S. Jonsson, *Crowds and Democracy, op. cit.*, p. 8; para evidenciar que el tema de la masa suscita actualmente un nuevo y animado interés, véase también del mismo autor, *Brief History of the Masses*, Nueva York, Columbia University Press, 2008, y C. Borch, T*he Politics of Crowds. An Alternative History of Sociology*, Nueva York, Cambridge University Press, 2012.

escribe que las multitudes se distinguen por sus características femeninas.[13] Es decir, por esa predisposición irracional e histérica que, junto con los atributos regresivos, primitivos, infantiles y animalescos, formará parte del típico bagaje que se atribuye al fenómeno de las masas según muchos de los estudios críticos posteriores. Quizás es superfluo subrayar que, en el interior del evidente prejuicio patriarcal de este planteamiento, la calificación de la masa irracional e instintiva como femenina funciona como el perfecto polo opuesto al del individuo racional modelado en masculino, el cual, y no por casualidad, cuando se funde en la masa, se feminiza. Por otra parte, es bien conocida la tendencia a usar figuras femeninas, como la célebre Marianne francesa, para simbolizar —en positivo— la unidad del pueblo y de la nación. En el bien y en el mal, en esta forma tan variada de imaginario, lo femenino tiende a representar la unidad, la compactibilidad y la fusión o, por lo menos el lado emocionante y pasional de la congregación en un sujeto colectivo; lo masculino, como quiere la tradición, se considera en cambio más apto para evocar la noción de sujeto individual, racional, civilizado y capaz de dominarse. Más o menos silenciada, prevalece la convicción de que, así como las mujeres tienen necesidad de un marido, de igual manera la masa feminizada tiene la necesidad de un jefe, o mejor aún, anhela entregarse a este, más o menos viril, para que la domine. Es inútil reafirmar que aquí estamos en las antípodas de cualquier acepción política de la pluralidad, y sobre todo de aquella versión arendtiana que, exaltando la pluralidad interactuante de los únicos, sustrae la idea misma de política tanto de las garras de las dinámicas despersonalizadoras y fusionistas como de los esquemas verticales y viriles del poder.

De entre los millares de textos dedicados al tema de la masa en el siglo XX destaca, por originalidad y extensión, el libro

13. G. Le Bon, *Psicología de las masas,* Madrid, Morata, 2018, p. 37.

Masa y poder de Elias Canetti, publicado en 1960, fruto de una larga elaboración que duró casi cuarenta años. En esta obra tan compleja, Canetti examina el fenómeno de la masa y clasifica sus distintas formas desde múltiples perspectivas disciplinares, recorriendo con frecuencia a metáforas y a imágenes que iluminan de forma muy interesante sus reflexiones. Una de estas, por otro lado muy frecuente en la tradición, es la imagen del mar, que él equipara a la masa describiéndola cómo un movimiento de cohesión que implica «cierta flexibilidad hacia los demás, como si uno mismo fuese *ellos*, como si ya no estuviese limitado en sí mismo»,[14] separado, distinto. La imagen también posibilita a Canetti dar rienda suelta a su particular pasión por la esfera auditiva, una especialidad que hace de él un autor muy valioso para abordar los temas que estamos afrontando. En *Masa y poder* leemos:

> El mar tiene una *voz* que es muy cambiante y se oye siempre. Es una voz en la que resuenan mil voces. [...] El mar nunca duerme. Lo oímos siempre, de día y de noche, durante años y decenios; sabemos que ya lo oían hace siglos. Tanto por su ímpetu como por su rebeldía recuerda a una sola criatura que comparte con él estas características en idéntica medida: la masa.
> . Si bien tiene la constancia que a esta le falta. No se seca ni desaparece de cuando en cuando, permanece siempre presente. El deseo máximo y siempre vano de la masa, el deseo de *perdurar*, lo representa el mar como algo ya consumado.[15]

Según Canetti, la expresión más típica de la «*voz* de la masa» es «el grito espontáneo que la masa no puede prever con exacti-

---

14. E. Canetti, *Masa y poder*, Barcelona, Galaxia Gutenberg, 2002, p. 90. En todas las citas de los textos de Canetti, la cursiva se encuentra en el original.

15. *Ibid.*, pp. 90-91.

tud» y que «es infalible, y su efecto, enorme. Puede expresar pasiones de cualquier tipo; con frecuencia, las pasiones en sí mismas tienen menos importancia que su fuerza y diversidad, así como la libertad con que se suceden. Son ellas las que confieren a la masa su espacio psíquico».[16] Pero los análisis más cargados de significado sobre la fenomenología de la masa y sobre sus características sonoras los encontramos en los escritos autobiográficos de Canetti, concretamente en el gran libro de memorias que se titula *La antorcha al oído.*

En este libro de memorias, criticando a Le Bon y a Freud por su aproximación abstracta y prejuiciosa a un fenómeno que ellos conocen solo en teoría, desde el exterior, Canetti declara con orgullo haber tenido, en cambio, una experiencia empírica de la masa, haberla conocido desde el interior: «En Frankfurt me había yo entregado por primera vez a ella sin ninguna resistencia», confiesa Canetti. «Desde entonces siempre he sido consciente de lo *grato* que es entregarse a la masa»,[17] Pero la ocasión decisiva de formar parte de la masa, a Canetti se le presenta algunos años después en Viena, en el memorable día 15 de julio de 1927, cuando se une a una oceánica manifestación de trabajadores durante la cual el Palacio de Justicia es incendiado y tras una confrontación con la policía que deja noventa muertos. «Me convertí en parte integrante de la masa, diluyéndome completamente en ella sin oponer la menor resistencia a cuanto emprendía»,[18] afirma Canetti, al contar su experiencia en Viena, y declara: «Ya entonces supe perfectamente que no necesitaría leer una palabra más sobre el asalto a la Bastilla».[19] Afirma además, con cierto tono po-

16. E. Canetti, *Masa y poder, op. cit.*, p. 30.
17. *Id.*, *La antorcha al oído*, en *Obras completas*, vol. 2: *Historia de una vida*, Barcelona, Galaxia Gutenberg, 2003, p. 536.
18. *Ibid.*, p. 638.
19. *Ibid.*

lémico, que «la masa no necesita de un *cabecilla* para formarse, pese a todas las teorías existentes sobre ella».[20] Para Canetti, el «*pathos* mimético», el contagio que agrega y mueve la masa, es por completo interno a la masa misma.[21] Aquella de la cual él tiene experiencia es una masa autógena sin jefe, de tal modo que la presencia de algún orador entre la multitud que reagrupa una parte de ella temporalmente, según él, es marginal e insignificante.

«Escuchaba mucho», escribe, «siempre había algo que escuchar en el aire; los ruidos más estridentes eran los gritos de repulsa que se alzaban cuando la policía disparaba contra la multitud y abatía gente. Aquellos gritos eran implacables, sobre todo los de las mujeres, que se distinguían claramente del resto»; «era como dejarse llevar por un viento sonoro», añade, porque «en el aire se *oía* una especie de ritmo, algo así como una música maligna. Podemos denominarla música, pues uno se sentía transportado por ella».[22] Esta experiencia acústica en Viena es decisiva para Canetti. Desde entonces, dice con orgullo renovado: «Mi oído permaneció sensible a la voz de la masa», y «solo ese 15 de julio me había abierto los oídos».[23] Tan crucial fue, para Canetti, esta apertura del oído, que desarrolla una predisposición especial para gozar de la sonoridad de la masa, sea escuchándola desde dentro como escuchándola desde fuera, desde una distancia. En efecto, recuerda su excitación al oír los gritos que provenían del Rapid Stadium, un campo de fútbol no lejos de su casa en el que se jugaban los partidos los domingos y los días festivos. «Durante los seis años que viví en ese cuarto», escribe,

20. E. Canetti, *La antorcha al oído, op. cit.*, p. 645.

21. Véanse las importantes e inquietantes reflexiones de N. Lawtoo, *(New) Fascism Contagion, Community, Myth*, Chicago, Michigan State University Press, 2019.

22. E. Canetti, *La antorcha al oído, op. cit.*, p. 642.

23. *Ibid.*, pp. 648-649.

«no dejé pasar una sola oportunidad de oír aquellos gritos» y de recibir así «un alimento sonoro» para el oído.[24]

Susan Sontag señala que «dar la soberanía al oído es un tema notorio, conscientemente arcaizante, de las últimas obras de Canetti. Implícitamente, está reafirmando la brecha arcaica entre la cultura hebrea y la griega, entre la cultura del oído y la cultura del ojo y lo moral versus lo estético».[25] El mismo Canetti declara que él es más un oyente que un observador. Esta predilección suya por la materia sonora, lejos de presentarse como una característica curiosa, es reivindicada por él mismo como una especialidad cognitiva, particularmente prolífica y original. En efecto, vale la pena dejar muy claro que es precisamente esta especialidad la que hace de él un autor tan interesante respecto a la plétora de estudios, a menudo repetitivos y tediosos, dedicados al tema de la masa. Sobre todo cuando lo que se pone en juego no es tanto la masa en sí misma como la búsqueda de parámetros eficaces para distinguirla de la pluralidad. Dicho de manera interrogativa: ¿hay alguna diferencia sonora entre la voz de la pluralidad y la de la masa? ¿Hay alguna diferencia perceptible acústicamente entre sus distintas fonosferas?

La voz de la masa, como argumenta no solamente Canetti, se manifiesta con frecuencia con un grito, como un conjunto resonante de sonidos, de ruidos, voceríos y chillidos, excitados por un ritmo suyo sobrecogedor, o bien, como «un sistema de notación secreta».[26] Pero también se manifiesta, quizás de manera más habitual, como una voz, compuesta por miles de voces que pronuncian palabras o cantan al unísono. Y entonces, la música de las multitudes resulta no solo secreta y con-

24. E. Canetti, *La antorcha al oído, op. cit.*, pp. 649-650.
25. S. Sontag, *Bajo el signo de Saturno*, Madrid, Debolsillo, 2007, p. 134.
26. E. Canetti, *La antorcha al oído, op. cit.*, p. 649.

movedora, sino también, alcanzando el máximo grado de fusión de los estados emocionales colectivos, excitante.

Butler observa justamente que «generalmente asociamos la expresión unívoca y simultánea de un conjunto de personas sobre un mismo asunto con alguna forma de fascismo o de consentimiento obligado».[27] Y con cierta y aún más justa preocupación añade que, cuando un grupo reunido se pone a gritar «Nosotros, el pueblo», «como a veces sucedía en el movimiento Occupy, es un momento breve y transitorio, un momento en el que una persona habla al mismo tiempo que las demás y de la expresión de tales sonidos se deriva esa acción plural concertada, ese acto de habla formulado conjunta, consecutivamente, con todas las variaciones que la repetición implica».[28] El contexto argumentativo que ocupa a Butler aquí es el de una amplia reflexión sobre los casos en los que los cuerpos agolpados en las plazas o que se manifiestan en las calles pronuncian la célebre frase «Nosotros, el pueblo» —*We the people*—, que aparece en la Constitución de los Estados Unidos de América. Su tesis es que, cuando es pronunciada por una pluralidad interactuante, dicha enunciación hace que la pluralidad misma cobre vida a partir de este acto lingüístico que la reúne. Evidentemente, el intento de Butler es el de repensar el concepto de «pueblo» en términos de pluralidad en lugar de como unidad homogénea. El caso de una pluralidad que, vocalizando *We the people*, hable al unísono hace, de todos modos, particularmente ardua la empresa. Y aún más cuando en las plazas y durante las manifestaciones se alzan voces que gritan eslóganes o que cantan, como bien sabe Butler. Y añade:

27. J. Butler, *Cuerpos aliados y lucha política, op. cit.*, p. 168.
28. *Ibid.*, p. 177.

Cuando una multitud se expresa junta, quienes la forman tienen que estar lo suficientemente cerca entre sí para poder oírse, para captar las voces de cada persona, para marcar el ritmo y la armonía en grado suficiente, y de este modo establecer una relación auditiva y corpórea con los que están realizando un acto de habla o una acción significante. [...] La coordinación y serialidad temporal, la proximidad de los cuerpos, la variedad del público, la coordinación verbal..., todos son aspectos esenciales de la asamblea y de la manifestación. [...] Los sonidos no son sino un modo para significar en común: se canta, se corean consignas, se hacen declaraciones, se golpean cazuelas o tambores, se dan golpes contra una prisión o un muro de separación.[29]

Existe, en efecto, una justa preocupación detrás del razonamiento de este texto de Butler: el fenómeno de una concentración de personas que recitan o hablan al unísono evoca la fenomenología de la masa, no la de la pluralidad, es decir, evoca una fonosfera que es típica de la sonoridad de la masa, no de la pluralidad. Canetti es perfectamente consciente de esto, así como también lo es Hannah Arendt, si bien con un oído no tan bien entrenado.

En el libro *Sobre la revolución* Arendt centra brevemente su atención en las multitudes vocales. Se trata de una página —generalmente no apreciada por sus intérpretes— en la que Arendt describe el teatro dramático de los pobres y de los hambrientos que se rebelan gritando «¡Pan!» durante la Revolución francesa. No era ciertamente una pluralidad, argumenta Arendt, sino una multitud «solo en el sentido cuantitativo» unida en un solo cuerpo, «puesto que lo que les acuciaba era la necesidad de pan y los clamores pidiendo pan serán

29. J. Butler, *Cuerpos aliados y lucha política, op. cit.*, pp. 179, 180 y 182.

siempre proferidos con una sola voz».[30] «En la medida en que todos necesitamos pan», añade Arendt, «todos somos iguales y quizás constituyamos un solo cuerpo. Por eso no se debe a un capricho teórico que la idea francesa de *le peuple* haya implicado, desde sus orígenes, el significado de un monstruo de mil cabezas, de una masa que se mueve como un cuerpo y que actúa como si estuviese poseída por una voluntad».[31] «Si esta noción se ha propagado por todo el mundo», dando sustento a la idea de revolución, es «por su evidente verosimilitud cuando se dan las condiciones de una pobreza abyecta».[32]

El tono puede parecer altivo, pero es necesario no olvidar que, en términos arendtianos, la pluralidad es incompatible con cualquier fusión en un solo cuerpo de una multitud vocalizada dramáticamente al unísono por aquellos que gritan «¡Pan!». Y está bien recordar, por otro lado, que las revueltas populares de los hambrientos no son ninguna novedad en la escena francesa —y europea—, sino que caracterizan los «tumultos por el pan» durante todo el siglo XVIII.[33] A la luz de su concepto de política, de la que se excluye intencionadamente la esfera de las necesidades, no es muy sorprendente que Arendt no reconozca en la multitud de parisinos que gritan «¡Pan!» el actuar político de una pluralidad. Arendt, además, tiene razones convincentes para sospechar de cualquier palabra, frase, eslogan o canto emitidos al unísono. La imagen de las llamadas «masas coreográficas», que se mueven simultáneamente y que gritan o cantan como un solo cuerpo, tan apreciada por la estética nazi, no puede suscitar nada más que horror y disgusto a una judía alemana que ha conocido y estudiado el fenómeno totalitario.

30. H. Arendt, *Sobre la revolución*, Madrid, Alianza, 2004, p. 125.
31. *Ibid.*
32. *Ibid.*
33. Véase E. Gentile, *Il capo e la folla*, *op. cit.*, pp. 78 y 100.

El canto, como es sabido, es una de las expresiones más típicas y emocionantes de la fonosfera de la masa. Y en cierto sentido es su emisión sonora más intensa y peculiar. Cuando los individuos cantan al unísono, es como si se fundiesen juntos a través de la inmersión en una voz colectiva desindividualizada, una inmersión agradable en la sonoridad de un cuerpo místico que engloba su cuerpo individual desplazándolo en una dimensión de *ex-tasis*. Con más o menos intensidad, según las circunstancias históricas del conflicto o de la guerra, esto es particularmente evidente en el caso de multitudes que cantan el himno nacional para consolidar la unidad, si no la homogeneidad, de la nación. Uno de los estudiosos más importantes de las masas fascistas o de la cultura racista, George Mosse, ha observado que *La Marsellesa* fue el primer himno nacional escrito con un tiempo de marcha; de inmediato otros países empezaron a cantar el himno nacional con ritmos bélicos y contagiosos, con la finalidad de evocar el mito del sacrificio de sangre por la vida de la nación.[34] Obviamente, en su detalle histórico y geopolítico, el tema es muy complejo y merecería un análisis en profundidad. No obstante, se puede intentar arrojar un poco de luz releyendo cualquier página apasionante de Émile Zola, autor, también él, dotado de un oído particularmente sensible a la sonoridad de la masa.

En la novela *La fortuna de los Rougon*, Zola describe una multitud en marcha cantando *La Marsellesa*. Se trata de los patriotas de la sublevación republicana contra el golpe de Estado de Luis Napoleón Bonaparte en 1851, patriotas con los cuales Zola simpatiza y de los que exalta el ardor enfatizando la potencia sonora de su canto al unísono. En la escena de la novela que da inicio a la descripción encontramos a dos jóve-

---

34. Véase G. L. Mosse, *Confronting the Nations. Jewish and Western Nationalism*, Hannover-Londres, Brandeis University Press, p. 23.

nes enamorados que, mientras caminan «bajo el hermoso claro de luna invernal» en la campiña provenzal, perciben un rumor confuso que proviene de detrás de las colinas; pero poco a poco el sonido crece y acaba siendo como «el pisoteo de un ejército en marcha».[35] «Después se distinguió, en aquel estruendo continuo y creciente» escribe Zola, «un guirigay de multitud, extraños soplos de huracán acompasados y rítmicos; se dirían los truenos de una tormenta [...]. Y, de repente, una masa negra apareció en el recodo de la carretera; *La Marsellesa*, cantada con furia vengadora, estalló, formidable». El texto prosigue narrando cómo la multitud descendió la colina «con un impulso soberbio, irresistible», un torrente de millares de hombres, «cuyos cantos henchían cada vez más la gran voz de aquella tormenta humana». «*La Marsellesa* llenó el cielo, como soplada por bocas gigantes en monstruosas trompetas que la lanzaban, vibrante con sequedad de cobres, hacia todos los rincones del valle». Zola insiste en el eco del paisaje natural: «el rugido del pueblo se desparramó en ondas sonoras», escribe, y «la campiña dormida despertó sobresaltada; se estremeció por entero, al igual que un tambor golpeado por los palillos; resonó hasta las entrañas, repitiendo con todos sus ecos las notas ardientes del canto nacional». La descripción se detiene particularmente en la grandiosidad del fenómeno acústico, en cómo el paisaje natural y la multitud en marcha se unen emitiendo un formidable canto al unísono. No hay tregua al flujo sonoro: el valle entero resuena como si una única voz expresase la unidad de la «masa compacta, sólida, y de potencia invencible», en la cual se aglutina el «río humano rebosante y rugiente» de la multitud en revuelta. Aunque cada individuo que compone esta multitud cante con su voz única, sus voces indivi-

---

35. Esta y las siguientes citas son de la novela de É. Zola, *La fortuna de los Rougon,* Madrid, Alianza, 1981, pp. 36-38.

duales se funden en una formidable masa vocal. Y es precisamente esta vocalidad que vibra al unísono la que atestigua la experiencia colectiva del disolverse en una «masa compacta». Zola, en pocas páginas y con una sensibilidad acústica que iguala a la de Canetti, consigue mostrar la fonosfera de la masa de manera excitante y perfecta.

Además de anticiparse a algunos temas fundamentales de la fenomenología de las masas sobre los cuales disertarán Le Bon, Freud, Canetti y muchos otros, el texto de Zola tiene el mérito de encuadrarla explícita y enfáticamente en términos vocales. Quizás ningún otro autor aporta una descripción tan memorable de la voz de la masa cuando canta. Se trata, evidentemente, de un tipo específico de masa. El himno nacional, el ritmo guerrero de *La Marsellesa* —, por no mencionar sus palabras violentas—, dan a esta voz que canta al unísono un significado, histórico y patriótico, especial. Por otro lado, los himnos nacionales tienen justamente la función de producir y dar sustancia vocal a la unidad, una forma específica de unidad en la que las voces individuales se amalgaman y se funden. Zola no narra sobre la sonoridad de la masa en general, sino de aquella masa peculiar que está ligada al fenómeno de la nación, sobre todo cuando lo hace de modo insurgente y empuñando las armas. La sugestión retórica de su prosa lo muestra explícitamente. El énfasis con el paisaje natural que participa del canto es funcional, para subrayar la armonía de la representación sonora. En efecto, en el centro de la escena sitúa a una masa vocal que es estructuralmente —se podría decir, «naturalmente»— armónica.

Los narradores a menudo son un gran recurso, si no un auténtico tesoro, para tematizar la masa en términos de vocalidad. También lo es, entre otros, Boris Pasternak, narrador y poeta bajo el régimen totalitario de la Rusia bolchevique, donde sus escritos, empezando por la célebre novela *El doctor*

Zhivago, fueron objeto de persecución por el hecho de que no estaban de acuerdo con la ideología del régimen. Justamente en esta novela Pasternak describe una masa sublevada, «una verdadera aglomeración» que, marchando por las calles de Moscú en noviembre de 1905, al final canta *La Marsellesa*. «Pero, de pronto, el hombre que al frente del cortejo caminaba hacia atrás y dirigía el coro agitando un gorro cosaco apretado fuertemente en el puño, se lo puso en la cabeza, dejando de entonar la canción y, volviendo la espalda al cortejo, comenzó a escuchar lo que decían los organizadores que caminaban a su lado. La canción se fraccionó entonces, se interrumpió y se oyó solo el crujiente paso de la multitud sobre el helado empedrado».[36] A pesar de ser breve, en términos acústicos la secuencia es extraordinaria. La transición del canto al unísono al ruido de los pasos sobre el adoquinado describe con una particular eficacia la disgregación de una unidad emotivamente compacta a una sonoridad de otro tipo: mecánica, para decirlo de algún modo, y distribuida en la multiplicidad de zapatos que tocan el suelo helado. Se podría hablar del pasaje de la masa a la multitud. En la disgregación del canto, la masa no pierde solo, y temporalmente, su voz, sino que la pierde en la forma más apta para expresar la fusión en un solo cuerpo vocal, de modo que el ruido de los pasos que sigue es una especie de dispersión de esta unidad. Cantar al unísono revela acústicamente el núcleo de fusión de la masa, su energía y vitalidad. El ruido de los pasos sobre el adoquinado la dispersa, como si fuese un silencio, una suspensión, el trazo sonoro de una multitud que marcha pero la cual ahora, dramáticamente, carece del elemento aglutinante de la vocalidad.

36. B. Pasternak, *El doctor Zhivago*, Madrid, Cátedra, 1991, pp. 93-94.

6

La voz de la pluralidad

En el ensayo «La revolución húngara y el imperialismo totalitario», Hannah Arendt recupera un episodio singular y conmovedor. En Moscú, en 1946, Boris Pasternak fue a una sala abarrotada para una lectura de sus poesías; hacía decenios que no aparecía en público y se dedicaba solamente al trabajo solitario de traductor. Pasternak «leía unos de sus viejos poemas», escribe Arendt, «el papel se le cayó de las manos. Entonces, uno de los presentes comenzó dicho poema de memoria, se le unieron otras voces desde diversas partes de la sala y la recitación, ininterrumpida, concluyó a coro».[1] Comentando el episodio, Arendt señala que esta es la única anécdota conocida por ella «que cuenta cómo la dominación totalitaria no había vencido aún en Rusia» y, justamente a causa de esto, la anécdota «asume, sin duda alguna, un gran significado». Pasternak es un autor disidente y, al unirse a él para recitar una poesía suya que se sabe de memoria, el público de Moscú muestra una evidente complicidad respecto a su posición política. La comparte y manifiesta compartirla. Pero hay un aspecto del

1. H. Arendt, «La revolución húngara y el imperialismo totalitario», *Pensar sin asidero. Ensayos de comprensión 1953-1975*, vol. I, Barcelona, Página Indómita, 2019, p. 214.

episodio, su desarrollo vocal, que va más allá de este efecto de complicidad. Hay, en otros términos, una sonoridad que entreteje significativamente la trama de toda la historia. Los protagonistas de este acto de resistencia al totalitarismo son voces individuales, o sea, para decirlo con el léxico arendtiano, son una pluralidad de voces únicas. Su representación vocal contrasta precisamente con aquel impulso para transformar la pluralidad humana en masa que caracteriza el «perfecto gobierno totalitario donde todos los hombres se han convertido en Un Hombre», como nos recuerda Arendt con frecuencia.[2] Por otro lado —y este es exactamente el punto más interesante y problemático de la anécdota—, en el recitar conjunto de la poesía que se sabe de memoria, las voces plurales recitantes se convierten aquí en un coro que declama al unísono. O bien producen la típica forma de expresión vocal que caracteriza a la masa. El caso de una pluralidad que recita al unísono es interesante porque desafía directamente la suposición de que la voz de la pluralidad y la voz de la masa son expresiones de sujetos colectivos diferentes y opuestos. O sea, el supuesto de que son dos fonosferas de lo político esencialmente distintas. Por consiguiente, si se analiza desde su trama sonora, esta anécdota nos pone delante de una especie de paradoja: cuenta un caso extraordinario en el cual el efecto del unísono no solo no compacta la pluralidad en una masa sino que, al contrario, la exalta.

Inesperado, no programado, espontáneo, el coro consiste en voces únicas que se unen progresivamente a la recitación de la poesía. La representación se desarrolla según un orden temporal preciso. Al principio está la voz de Pasternak; luego, después de un segundo de silencio en el cual se le resbala el papel de la mano, otra voz interviene continuando la vocalización interrumpida; finalmente, sin interrupciones, otras vo-

2. H. Arendt, *Los orígenes del totalitarismo*, Madrid, Alianza, 2006, p. 626.

ces se unen en la recitación coral. La poesía es recitada al unísono, pero el elemento más relevante en la dinámica de esta representación coral —o bien, el elemento que la convierte en una representación política— no es el típico efecto de fusión del unísono, sino el hecho de que se van añadiendo las voces individuales, una después de otra. Dicho de otro modo, las voces se unen al coro como voces únicas e, independientemente del efecto de recitar en coro, permanecen plurales. Como plurales las entiende Arendt y, por lo tanto, libres, resistentes, políticas, antitotalitarias. Cómplices porque en primer lugar son relacionales, relacionales hasta tal punto de que comparten espontáneamente la vocalización de la poesía convirtiéndola en la trama política del acontecimiento.

A decir verdad, al comentar la anécdota, Arendt no presta ninguna atención particular a la dinámica vocal del episodio. Sin embargo, precisamente el vocabulario y la estructura conceptual de toda la reflexión política arendtiana nos proporcionan un oído especulativo ideal para sintonizarnos con la extraordinaria fonosfera de la anécdota misma. Además, se trata de la manifestación de voces únicas encarnadas, en relación corpórea y vocal en una escena compartida, cuya pluralidad contrasta, como repite Arendt, con la idea misma de dominación totalitaria. Aunque estas voces recitan al unísono, en el contexto de la fenomenología de la anécdota y de su valor de acto político, estas continúan siendo únicas y plurales: resisten y demuestran su resistencia al régimen totalitario en cuanto plurales; de hecho, experimentan repentinamente la felicidad pública del sintonizarse como plurales. Es la pluralidad misma, bajo la forma de una sonoridad particular, la que se opone a las garras del totalitarismo y adquiere una cualidad afirmativa, creativa, surgente. Como si el acontecimiento en la sala de Moscú, repentino e inesperado, de una democracia surgente invadiese vocalmente el ambiente totalitario. Como si estas voces reverberasen en la sala produciendo la emoción sonora de una democracia experimentada en su surgir. En efecto, algo imprevisto ha sucedido en Moscú, un auténtico acontecimiento político: la lectura de Pasternak en la sala moscovita da lugar a su regeneración como espacio acústico para la expresión sonora de una democracia surgente encarnada de voces únicas que recitan coralmente. En términos generales, se trata del espacio compartido en el cual puede manifestarse una «política de las voces», o bien una política en la cual quienes hablan, independientemente de aquello que dicen, comunican antes que nada su unicidad vocal plural y el eco de una resonancia como prerrequisitos esenciales de la comunicación verbal.[3] Pero se trata, más específicamente, del acto de una pluralidad interactiva que expresa su estatus ontológico y relacional a través de la unicidad material de voces individuales encarnadas que, en cuanto tales, en la recitación coral —proferida al unísono, pero en un unísono que ni las engloba ni las funde en una unidad— no solo resisten, sino que generan un espacio común de interacción. Y experimentan, de manera plausible, la emoción pública de una felicidad imprevista que al mismo tiempo resulta familiar.

Se podría decir, con razón, que su representación vocal es armónica. Y sin embargo, como es indispensable hacer notar, se trata de una armonía bien distinta de aquella descrita por Zola a propósito de la masa que canta *La Marsellesa*. Y no solo por los ritmos bélicos, el paso de marcha u otras sonoridades ambientales y emotivas, de fusión y estáticas, que insisten en una fonosfera del todo incomparable a la que vibra en la sala de Moscú. También, y sobre todo, por el problema que la sala moscovita expone, precisamente, en forma de paradoja. El

3. Véase A. Cavarero, *A più voci. Filosofia dell'espressione vocale*, Milán, Feltrinelli, 2005, pp. 210 ss.

hecho de que la pluralidad recite o cante al unísono es una excepción, un caso extraordinario. Vale la pena recordar las aclaraciones de Judith Butler, justificadamente preocupada, respecto al fenómeno de las «plazas políticas» que de vez en cuando hablan o cantan o recitan eslóganes al unísono, pero que por regla general, se caracterizan por el resonar de voces plurales que dicen palabras diversas, de personas que hablan la una con la otra, singularmente o en grupos. El unísono es precisamente una excepción, algo que turba, mientras que de manera sintomática es la articulación simultánea y difundida de palabras distintas lo que responde a la regla general. Lo cual llevaría a suponer que la voz de la pluralidad, cuando se hace escuchar en su forma habitual, se parece más a una cacofonía que a una armonía o, como diría Roland Barthes, se parece a una especie de susurro *(bruissement)*. En efecto, aunque la sugerencia de Barthes es valiosa, se debería encontrar un término específico para designar esta sonoridad de voces plurales que pronuncian simultáneamente palabras distintas sin producir ninguna cacofonía. Y sería necesario, obviamente, que este término fuese tan dúctil como para poder comprender también la sonoridad armónica de una pluralidad que recita o canta al unísono y que, sin embargo, no es una armonía. Muchos elementos sugieren llamarla *plurifonía*.

El primer y explícito objetivo de este neologismo es el de asignar un nombre específico a la voz de la pluralidad en cuanto voz distinta de la voz de la masa, y opuesta a esta. Por lo que respecta al léxico, la tradición no nos ayuda mucho. Mientras la literatura y la ensayística sobre la sonoridad de la masa pueden contar con un número conspicuo de textos, la bibliografía sobre la pluralidad vocal es escasa. Afortunadamente, Elias Canetti es de nuevo una excepción, pues su oído sensible, ya entrenado con la fonosfera de la masa, es capaz de sintonizar también con la voz de la pluralidad.

En su relato autobiográfico *Las voces de Marrakesch*, Canetti narra una experiencia auditiva particular. Mientras camina por el barrio judío de la ciudad oye un ruido sutil, agudo, que al principio parece un canto de grillos y después se intensifica haciendo pensar «en una jaula de pájaros»: en cambio se trata de niños. El extraño ruido viene de una escuela. Centenares de niños minúsculos, apretados los unos con los otros, «en pequeños grupos de tres o cuatro, se mecían con fuerza inclinándose ora hacia adelante, ora hacia atrás, al tiempo que recitaban en voz alta:"Aleph, Beth, Gimel"».[4] Las pequeñas cabezas negras «se movían rítmicamente de un lado para otro y siempre había uno más aplicado y cuyos movimientos eran los más vivos; de su boca iban saliendo los fonemas del alfabeto hebreo como un nuevo decálogo».[5] No es esta la única experiencia acústica que Canetti encuentra en Marrakech durante su visita de varias semanas. Para Canetti, ávido de escucha y desde siempre en busca de «alimento sonoro»,[6] la ciudad es un espacio aurático aún más fascinante desde el momento en que él no entiende el árabe ni ninguna de las lenguas bereber habladas por la población. Él no quiere perder nada «de la fuerza de aquellas voces foráneas», quiere que los sonidos le lleguen por lo que estos son, sin que el conocimiento del significado o la comprensión de la lengua atenúen su fuerza.[7] Para mostrar en palabras la esencia sónica de Marrakech, Canetti narra diferentes impresiones acústicas que sacuden sus oídos, provenientes de un flujo sonoro en el que las voces humanas y las de los animales se mezclan con los distintos ruidos, chillidos o gritos de la populosa ciudad. En el relato, Canetti describe los

4. E. Canetti, *Las voces de Marrakesch*, Barcelona, Debolsillo, 2005, p. 56.
5. *Ibid.*
6. *Id.*, *La antorcha al oído*, en *Obras completas*, vol. 2: *Historia de una vida*, Barcelona, Galaxia Gutenberg, 2003, p. 650.
7. *Id.*, *Las voces de Marrakesch*, *op. cit.*, p. 34.

gritos de los mendigos ciegos que, tejiendo «arabescos acústicos» en torno al sonido «Alá, Alá, Alá», formaban una fila en el mercado «y su letanía ronca y eternamente repetida se oía desde lejos».[8] En la plaza central, en cambio, «un pequeño fardo marrón que yacía en el suelo y ni siquiera constaba de una voz sino de un único sonido» —un hombre del cual Canetti no ve ni el rostro ni la boca— emitía continuamente el sonido «æ-æ-æ-æ-æ»: «Quizás no tenía lengua para formar la "l" de *Alá* y el nombre de Dios se acortaba para él a esa æ-æ-æ-æ-æ», escribe Canetti, pero aquel único sonido expresaba, con celo y constancia sin igual, la realidad de su existir individual al límite de lo viviente».[9]

Los chillidos de los niños pobres que piden comida delante de un restaurante completan el paisaje sonoro, que también está compuesto por sonidos de animales y ruidos de cualquier tipo. Aunque la voz humana es la que ocupa el tema principal de su experiencia acústica en Marrakech, Canetti la escucha como un elemento más de una polifonía más variada y más extensa. Evocando tanta abundancia de sonidos y de impresiones acústicas heterogéneas, su relato, antes que nada, tiene como objetivo celebrar «la voz como elemento que libera el lenguaje de la coacción del orden simbólico», o sea, lo emancipa de la dimensión semántica.[10] En las obras de Canetti, el interés por la materialidad fónica de la lengua, en detrimento de la dimensión semántica, es un tema recurrente. Él argumenta repetidamente que la sonoridad de la palabra, su consistencia en sonidos emitidos por la voz de quien la pronuncia, es par-

---

8. E. Canetti, *Las voces de Marrakesch*, *op. cit.*, p. 35.

9. *Ibid.*, pp. 106 y 108.

10. A. Fuchs, «"The deeper nature of my German": Mother tongue, subjectivity, and the voice of the other in Elias Canetti's autobiography», en D. C. G. Lorenz (ed.), *A Companion to the Works of Elias Canetti*, Rochester (NY), Camden House, 2004, p. 58.

ticularmente eficaz cuando escucha una lengua extranjera que no comprende. Por el hecho de ser distinta del código semántico de la lengua, la fenomenología acústica de la palabra, mucho más perceptible si no conocemos la lengua, tiene una realidad propia que significa más allá de su significación: «Canetti no tiene simplemente un interés por la voz como suplemento del lenguaje: está fascinado particularmente por las circunstancias en las que este suplemento subsiste de por sí, por la experiencia de la voz que no se acompaña al comprender, por el encuentro con la voz pura».[11] El mismo Canetti declara justamente ser un oyente más que un observador, el suyo es un oído humano abierto de par en par hacia los acontecimientos acústicos. «Para Canetti, la voz representa una presencia irrefutable», dice Susan Sontag; para él «tratar a alguien como una voz es conceder autoridad a esa persona; afirmar que se oye significa que se oye lo que se debe oír.»[12] También los sonidos inarticulados, al límite de lo viviente, como el «æ-æ-æ-æ» emitido por el fardo marrón que yacía en el suelo, son la presencia irrefutable de una vida singular.

Aunque la atención de Canetti por el elemento sonoro dé resultados importantes allí donde describe la fonosfera de la masa, en *Masa y poder*, y sobre todo en sus escritos autobiográficos, su sensibilidad por la esfera acústica es aún más valiosa cuando él sintoniza con el tema de la unicidad de cada voz y también con la voz de la pluralidad. Más allá de su interés por la sonoridad de amplios paisajes o ambientes, es de gran valor su predilección por la dimensión sonora del lenguaje, entendida como expresión de una vocalidad humana, singular y plural, ligada estrechamente al discurso y a la palabra. Atraído

11. K. Gellen, «The opaque voice. Canetti's foreign tongue», en W. Collins Donahue y J. Preece (eds.), *The World of Elias Canetti. Centenary essays*, Newcastle, Cambridge Scholar Publishing, 2007, p. 25.

12. S. Sontag, *Bajo el signo de Saturno*, Madrid, Debolsillo, 2007, p. 134.

por esta vocalidad, que vehicula pero que supera la dimensión semántica del lenguaje, Canetti lleva a cabo la escucha de la voz, en la cual reconoce su potencia justamente en esta capacidad de superación. Se entiende, entonces, por qué prefiere las situaciones en las cuales, escuchando los sonidos emitidos por alguien que habla una lengua para él desconocida, puede gozar de la pura dimensión fónica sin que el orden de los significados interfiera en la escucha. Como queda patente en el ejemplo de su entusiasmo por las voces de los niños de Marrakech, en los textos de Canetti el tema es frecuente y casi obsesivo. En otro ejemplo, a propósito de Backenroth, un compañero de escuela que habla yidis, del cual describe la «voz suave, extraña y sumamente tierna», de sonido gorjeante, Canetti confiesa que «me acercaba involuntariamente a él para oír su voz, aunque no entendiera las palabras».[13] Aún más significativa es la colaboración con su amiga Ibby Gordon en la traducción al alemán de los poemas que ella escribe en su lengua materna, el húngaro. Ibby recitaba gustosamente, explica Canetti, «yo prefería escucharlos antes en húngaro y luego, ya embrujado por los sonidos, intentábamos traducirlos juntos».[14] El encanto del sonido —conocido aspecto esencial de la composición poética que todo traductor, obviamente, ha de tener en cuenta— para Canetti resulta más potente e incluso más elocuente cuando se ofrece a sus oídos como vocalidad pura. Se trate de poesía o simplemente del discurso hablado, el hecho de no comprender ni una palabra es justamente lo que potencia al máximo grado la dimensión sonora y musical de la lengua, objeto del gozo acústico de Canetti ya desde la primera infancia, cuando escucha a sus padres hablando en alemán, una lengua misteriosa que aún no conoce.

13. E. Canetti, *La antorcha al oído*, *op. cit.*, p. 576.
14. *Ibid.*, p. 654.

Es muy posible que la sensibilidad acústica de Canetti por el sonido de la lengua se deba a la experiencia de las distintas lenguas con las cuales estuvo en contacto durante su infancia: nacido en Bulgaria en 1905 en el seno de una familia de judíos sefarditas en la que se habla ladino, crece en un ambiente multicultural en que el búlgaro y el rumano (además del alemán hablado por los padres) son lenguas corrientes. Aprende inglés ya desde niño cuando vive en Manchester, y en la escuela aprende otras lenguas antiguas y modernas con mucha facilidad. Sintomáticamente, durante la primera infancia, la fascinación particular por el alemán, lengua secreta de sus padres, lo atrae en el plano tanto acústico como en el de la escritura. Sonido y escritura se vuelven la llave mágica para descubrir el secreto de aquella lengua desconocida.

En el primero de sus volúmenes autobiográficos, *La lengua salvada*, Canetti cuenta cómo, siendo un niño, se quedaba subyugado por la voz de su padre cuando en las noches de fiesta, acompañado de su madre al piano, cantaba *Lieder* de Schubert o Loewe: «Entonces yo no entendía todavía el alemán, pero la canción era desgarradora».[15] También cuenta cómo le atraían las letras minúsculas que aparecían en las páginas de la *Neue Freie Presse*, el periódico alemán que su padre leía cada mañana. Al pequeño Elias, que aún no sabe leer, el padre le explica que lo más importante del periódico son precisamente las letras minúsculas que apunta con el dedo. «Pronto las aprendería también, dijo, despertando en mí un insaciable deseo de letras».[16] Esta sed inextinguible tiene una consecuencia dramática que Canetti cuenta en un episodio célebre del mismo volumen. La prima Laurica, mayor que Elias, volviendo de la

---

15. E. Canetti, *La lengua salvada*, en *Obras completas*, vol. 2: *Historia de una vida, op. cit.*, p. 59.
16. *Ibid.*, p. 39.

escuela le enseña un cuaderno que contiene las letras del alfabeto, escritas en tinta azul, pero no deja que el niño las toque. El asunto se alarga varios días, con Laurica impidiendo a su primo el contacto con las letras del cuaderno a pesar de sus ruegos, hasta que Elias, exasperado, coge un hacha y corre hacia la prima para matarla, gritando «Agora vo matar Laurica!», «¡Ahora voy a matar a Laurica!».[17] Afortunadamente, el abuelo lo detiene, pero Canetti no olvidará nunca hasta qué punto la fascinación por las letras del alfabeto pudo dominarlo hasta casi convertirlo en un asesino.

Dramático como es este episodio, echa una luz interesante sobre la página que Canetti dedica a los niños gorjeantes de Marrakech. Explica cómo, mientras estaba en medio de aquella tempestad plurifónica, el maestro llamó a uno de los pequeños escolares poniéndole delante de sus ojos una página del libro, de modo que Canetti también pudiera verla: luego «señaló rápidamente, una tras otra, las sílabas hebreas. Pasaba de una línea a otra, en distintas direcciones, no fuera yo a creer que el muchacho se las había aprendido de memoria y las recitaba a ciegas, sin leerlas».[18] Después, el maestro, orgulloso, llamó uno a uno a los demás escolares y repitió la misma ceremonia. «El intenso ruido no bajó un instante durante todo este proceso. Las sílabas hebreas caían como gotas de lluvia en el agitado mar de la escuela».[19] El método del maestro, de pasar de una línea a la otra apuntando al azar con el dedo sobre las líneas a lo largo de la página, tiene una finalidad precisa: la atención no se pone sobre lo que el texto quiere decir, sobre el significado de las palabras y del relato, sino sobre el alfabeto y sobre las sílabas, en su expresión tanto fónica como escrita.

---

17. E. Canetti, *La lengua salvada, op. cit.*, p. 42.
18. *Id., Las voces de Marrakesch, op. cit.*, p. 56.
19. *Ibid.*, p. 57.

Por boca de los niños que la vocalizan con la pluralidad de sus voces diversas, cada una única e insustituible, en la escuela de Marrakech la lengua vibra en sus sonidos elementales, correspondientes a los signos sobre la página. Mientras se abandona al gozo acústico de una sonoridad de la lengua, que se efectúa aquí en su forma pura porque está descompuesta en sus fonemas puros y, por eso mismo, liberada radicalmente del peso del significado, Canetti puede satisfacer también su sed inextinguible por las letras del alfabeto.

El relato de Canetti sobre el gozo acústico de las voces de los niños que, en la escuela hebrea de Marrakech, producen una fiesta de sonidos encuentra una correspondencia interesante en un ensayo de Roland Barthes sobre el susurro de la lengua, publicado en Francia algunos años después.[20] Barthes cuenta que, mientras estaba viendo una película de Michelangelo Antonioni sobre China (*China*, 1972), advirtió inmediatamente el susurro de la lengua en una secuencia de la película en la que

en una calle de pueblo, unos niños, apoyados contra una pared, están leyendo en voz alta, cada cual para sí mismo, y todos juntos, un libro diferente; susurraban como es debido, como una máquina que funciona bien; el sentido me resultaba doblemente impenetrable, por desconocimiento del chino y por la confusión de las lecturas simultáneas; pero yo oía, en una especie de percepción alucinada (hasta tal punto recibía intensamente toda la sutileza de la escena), yo oía la música, el aliento, la tensión, la aplicación, en suma, algo así como una finalidad. ¡Vaya! ¿Así que bastaría con que habláramos todos a la vez para dejar su-

20. R. Barthes, *Le bruissement de la langue*. Se publica primero como ensayo en 1975 y después en una colección de ensayos con el mismo título. La primera edición de *Die Stimme von Marrakesch* es de 1968.

surrar a la lengua, de esa rara manera, impregnada de goce, que acabo de explicar? Por supuesto que no, ni hablar; a la escena sonora le faltaría una erótica (en el más amplio sentido del término), el impulso, o el descubrimiento, o el simple acompañamiento de una emoción: lo que aportaban precisamente las caras de los muchachos chinos.[21]

Así como el buen funcionamiento de una máquina —el motor de un automóvil, por ejemplo— se percibe acústicamente como un murmullo, sucede lo mismo con el susurro de la lengua: «El susurro es el ruido que produce lo que funciona bien». Se trata de un ruido particular que paradójicamente, según Barthes, denota un ruido límite y no produce ruido; «susurrar es dejar oír la misma evaporación del ruido: lo tenue, lo confuso, lo estremecido se reciben como signos de la anulación sonora». «El susurro de la lengua», añade Barthes, «constituye una utopía. ¿Qué clase de utopía? La de una música del sentido». Es una música hecha de un tejido sonoro en el cual el aparato semántico se encuentra irrealizado pero que a pesar de esto no desaparece. Es una música que permite al significado fónico, métrico y vocal desplegarse en toda su suntuosidad, «sin que el sentido se eliminara brutalmente, se excluyera dogmáticamente, se castrara, en definitiva». Dicho de otro modo, el susurro de la lengua no liquida el horizonte del sentido, de lo semántico. «El sentido, indiviso, impenetrable, innominable, estaría, sin embargo, colocado a lo lejos, como un espejismo, convirtiendo el ejercicio vocal en un doble paisaje, provisto de un "fondo"; pero, en lugar de ser la música de los fonemas el "fondo" de nuestros mensajes (como ocurre en nuestra Poe-

21. R. Barthes, *El susurro del lenguaje. Más allá de la palabra y de la escritura*, Barcelona, Paidós, 1994, p. 102. Todas las citas que siguen provienen del breve ensayo que ocupa las páginas 99-102.

sía), el sentido sería en este caso el punto de fuga del placer». Como conclusión del breve ensayo, Barthes declara que se imagina a sí mismo un poco a la manera de los griegos antiguos, tal como los describió Hegel: ellos interrogaban «con pasión, sin pausa, el susurro de las hojas, de las fuentes, del viento, en definitiva, el estremecimiento de la Naturaleza, para percibir en ellos el plan de una inteligencia. Y en cuanto a mí, es el estremecimiento del sentido lo que interrogo al escuchar el susurro del lenguaje, de ese lenguaje que es para mí, hombre moderno, mi Naturaleza».

Aunque pueda parecer que comparta con Canetti una pasión por la experiencia acústica, Barthes no tiene interés por la variedad de los paisajes sonoros compuestos por voces humanas e inhumanas, por la fusión de sonidos heterogéneos de los cuales la emisión vocal forma parte, sino más bien por el lenguaje y, más concretamente, por aquella sonoridad particular de la lengua que llama «susurro»: «el ruido de un gozo plural» en el acto de emitir palabras, tal como él escribe. Sintomáticamente, la fórmula del «goce plural» se podría aplicar a los niños de la escuela hebrea de Marrakech de la que habla Canetti. Aquí, como en el caso de los niños chinos descritos por Barthes, es la sonoridad de la lengua, emitida por una pluralidad de voces, la que hace gozar a los mismos niños y a Canetti que los escucha. Es la representación vocal, el susurro, lo que capta la atención de oídos y gargantas en «una erótica» de la pluralidad que vibra por una emoción especial. Un cierto estremecimiento del sentido, pero sobre todo de la participación activa e interrelacionada con la representación, se hace oír, no obstante, en esta vocalidad plural: un temblor aún más perceptible por el oído de quien oye, afirman precisamente Canetti y Barthes, si la lengua no es conocida. Como si la pluralidad se expresase bajo la forma de una plurifonía, ni armónica ni cacofónica, a pasar de la simultaneidad de las voces que pronuncian palabras distintas, en la que es sobre todo el elemento sonoro el que significa y alegra la pluralidad misma. Como si la fonosfera de la pluralidad se manifestase en esta forma fundamental de relación acústica sin fusión, premisa y anuncio de todo sujeto colectivo que pueda llamarse plural.

Vale la pena detenerse aún en la extraordinaria capacidad de Canetti para explorar de manera extensa la esfera plural, tematizando no solo la sonoridad de la masa, sino también la unicidad de cada voz, para él incluida siempre en un contexto relacional y plural caracterizado por la distinción en lugar de por la fusión.

Canetti es muy consciente de que el sonido gorjeante de los niños de la escuela de Marrakech es producido por voces individuales, cada una de ellas única y diferente de cualquier otra. Lo que impresiona a su oído es precisamente esta vocalidad plurifónica cuya expresividad prevalece sobre lo semántico. Vale la pena subrayar que esta vocalidad pura, acerca de la cual Canetti y Barthes precisamente insisten, lejos de facilitar una fusión de la pluralidad vocal, la exalta. En este sentido, se les tiene que reconocer a ambos el mérito no solo de saber describir la voz de la pluralidad, sino también, y especialmente, de proporcionarnos un criterio útil para identificarla y, lo que es aún más valioso, de alentarnos a sintonizar nuestros oídos con las diferentes situaciones en las cuales la pluralidad, no importa dónde, se manifiesta, canta o habla. Dicho de otro modo, textos como estos incentivan a nuestros oídos a percibir acústicamente la pluralidad incluso cuando escuchamos «plazas públicas» que hablan una lengua para nosotros desconocida. Y nos alientan, antes que nada, a distinguir la voz de la pluralidad en el ruido inevitable producido por la intervención de muchas personas, la una con la otra o en grupos, al mismo tiempo y en el mismo espacio. Lo cual es, precisamente, la característica de la fonosfera plural.

Por otro lado, al menos en el plano empírico, también es verdad que muchos de nosotros no estamos desprovistos del todo de un oído capaz de sintonizarse con la sonoridad de los sujetos colectivos. Incluso si no poseemos un oído extraordinario como el de Canetti, sea por naturaleza o sea por experiencia, tenemos ya un oído bastante sensible a la voz de la pluralidad cuando la oímos en las plazas de las que Butler habla; así como tenemos normalmente un oído fácilmente emocionable —y arriesgadamente fácil de ser excitado— por multitudes que cantan al unísono. Y con toda probabilidad sabemos distinguir incluso entre el tono de la felicidad pública que resuena en la música participativa de las «aglomeraciones» plurales y el tono amenazante de violencia y agresión que vibra en cambio en la música vitalista de ciertas masas vocales.

Butler dice que «la idea de los cuerpos congregados en la calle sigue emocionando un tanto a la izquierda, como si se estuviera recuperando el poder, como si se fuera a obtener, asumir e incorporar el poder de alguna forma que anticipa la democracia».[22] Butler admite haber compartido esta emoción. Se trata de la excitación que la transporta a los años de la adolescencia, a sus primeras experiencias de participación en manifestaciones políticas en las cuales los cuerpos se reúnen y cuentan.[23] Pero de una forma más amplia, se trata de aquella excitación, no necesariamente de izquierdas, que atrapa habitualmente a quien está involucrado o se encuentra en presencia de un sujeto colectivo en movilización, como si fuese el contacto mismo con el sujeto colectivo, no importa si reconducible a la fenomenología de la masa o a la de la pluralidad, lo que provoca «naturalmente» este estado de excitación. Lo

22. J. Butler, *Cuerpos aliados y lucha política. Hacia una teoría performativa de la asamblea*, Barcelona, Paidós, 2017, p. 126.
23. *Ibid.*, p. 136.

cual significa, como observa Butler, que el imaginario revolucionario, con todo el corolario de luchas, insurgencias e ideales democráticos que este custodia, no es decisivo para provocar una excitación en las personas de izquierda ante la idea de los cuerpos reunidos en medio de la calle. Pero significa, por lo menos, que si por un lado es importante tomar nota, con cierta e inquietante preocupación, de la espontaneidad de nuestro estado emocional frente a cualquier expresión corpórea y vocal de formas colectivas, por otro lado es quizás aún más importante reflexionar sobre la diversa gama de emociones —de fusión o participativas, identitarias o acogedoras— que desencadenan los distintos tipos de estas formas. Es evidente que es sobre todo la psicología social la que asume el trabajo de esta reflexión. Sin embargo, narradores de oído entrenado, como Canetti, tocan el problema en un punto muy sensible cuando describen el efecto emocional de las formas colectivas en términos de vocalidad y distinguen sus fonosferas con agudeza. Parafraseando a Canetti, Susan Sontag ha observado justamente que «el oído es el sentido atento, más humilde, más pasivo, más inmediato, menos discriminador que el ojo».[24] Si se sabe escuchar, la pluralidad tiene un sonido distinto. Un susurro plurifónico.

Canetti, como buen narrador, en sus escritos insiste frecuentemente en el fenómeno de la unicidad vocálica y la considera un elemento esencial. La unicidad de cada voz, expresión de una singularidad encarnada que irrumpe en el orden general de la palabra, no solo la menciona varias veces sino que la describe en detalle con una precisión particular. De la voz de Thomas Marek, por ejemplo, un amigo paralítico que leía girando las páginas del libro con la lengua, subraya que la voz «parecía aspirada, como si viniera de muy adentro, de

24. S. Sontag, *Bajo el signo de Saturno, op. cit.*, p. 134.

lo profundo, y le daba espacio y colorido a su saludo».[25] De
otros, incluidos escritores famosos como Hermann Broch o
Robert Musil, ilustra la inflexión vocal y el modo de hablar,
la tonalidad y el acento. En definitiva, en las obras narrativas
de Canetti no hay personaje, ficticio o real, del que no describa
la cualidad de su voz, intentando reproducir —tanto como sea
posible a través de un medio insonoro como es la escritura—
su unicidad «acústicamente».

Para Canetti, la mudez de la escritura resulta un problema
aún más obsesivo cuando se trata de obras teatrales. Escribe
algunas y, esperando a que sean representadas en escena —¡espera tan a menudo inútil!—, las lee a una pequeña audiencia
de amigos y conocidos. A propósito de su *La comedia de la
vanidad*, escribe:

> Para hacerse cargo del significado de mi comedia era menester
> *escucharla*. Estaba construida sobre lo que yo denominaba «máscara acústicas», cada uno de sus personajes contrastaba rigurosamente con todos los demás por la elección de las palabras, por
> el acento, por el ritmo. En el teatro no existía, sin embargo,
> ninguna clase de notación en que todo aquello pudiera quedar
> reflejado. Únicamente una lectura completa, en voz alta, de mi
> pieza podía poner en claro cuáles eran mis intenciones.[26]

Durante esta lectura Canetti se esfuerza en imitar la voz de
cada uno de los protagonistas de su comedia de tal modo que
se puedan diferenciar acústicamente el uno del otro y cada
uno «tenía que ser reconocible por sus voces».[27] La unicidad
de cada voz, paradójicamente, se hace sentir en la única voz

25. E. Canetti, *La antorcha al oído, op. cit.*, p. 733.
26. Id., *El juego de los ojos*, en *Obras completas*, vol. 2: *Historia de una vida, op. cit.*, p. 907.
27. *Ibid.*, p. 91.

de Canetti, que la imita. Si bien continúa siendo única, su voz se hace plural, o al menos se esfuerza en la imposible empresa de reproducir la pluralidad humana de las voces.

Canetti admira profundamente a Robert Musil, en su obra aprecia sobre todo la concepción de los individuos como campos peculiares de conocimiento: la idea de que pudiera haber «una teoría aplicable a todos los seres humanos le resultaba tan ajena que ni siquiera mencionaba una teoría así. Cada persona era algo especial, no solo algo aislado».[28] Esto es válido también para Canetti: compartiendo la atención de Musil por la unicidad en clave antiuniversalista, él se empeña principalmente en reproducir la materialidad corpórea en términos de expresión vocal. Sus textos narrativos están habitados por subjetividades que comunican vocalmente la unicidad y la pluralidad de una condición humana estructuralmente relacional.

Hay una evidente correspondencia de temas, una resonancia de conceptos, una afinidad entre los textos narrativos de Canetti y el ensayo de Roland Barthes sobre el susurro del lenguaje. El susurro del lenguaje, afirma Barthes, y vale la pena repetirlo una vez más, consiste «en el ruido propio del goce plural» en el interior del acto de emitir palabras. Esto se puede aplicar también para los niños de la escuela hebrea de Marrakech. Y no es casualidad que en ambos casos, además de exaltar la sonoridad en detrimento del factor semántico, las escenas tengan a niños como protagonistas. Percibido en su pura sustancia fónica, el contenido interactivo es gozosamente plural.

Pero no estamos de ninguna manera en el *ágora* griega imaginada por Arendt o en «las plazas políticas» descritas por Butler y, aún menos, en la sala de Moscú donde las voces de los presentes improvisan un coro. Estamos clamorosamente en la fase inicial de la vida de todo ser humano, la infancia. En un

---

28. E. Canetti, *El juego de los ojos*, *op. cit.*, p. 931.

cierto sentido, el nacimiento aún está cerca y, en un sentido aún más significativo, la pluralidad que aquí se expresa vocalmente no es aún política. La infancia hace de trámite y preanuncia, por decirlo de algún modo, la impronta fónica de una democracia por venir. Como si la voz arquetípica de la pluralidad fuese justamente la voz de una primavera, pura y llena de esperanza, vibrante y alegre, feliz de su ser plural. Una voz cuya manifestación emocional, lejos de consistir en el placer del disolverse en un solo cuerpo, viene en cambio del gozo de una pluralidad que se relaciona de forma corpórea y vocal. Como si la democracia surgente tuviese un sonido que vocaliza de nuevo, cada vez y también en la edad adulta, la felicidad creativa y generativa del inicio.

Scherzo
Multitudes con el móvil

La escena se desarrolla en Teramo, en enero de 2019, y tiene como protagonista a Matteo Salvini, líder del partido de la Lega, ministro del Interior y vicepresidente del gobierno italiano, que encuentra a la multitud. Pero podría tener como protagonistas a otros líderes políticos italianos o extranjeros, como Luigi Di Maio, Matteo Renzi, Barack Obama, Hillary Clinton, Donald Trump, Vladímir Putin o a tantos otros. O bien podría suceder dondequiera que estuviese un líder político popular, capaz de incrementar el éxito de su propia figura mediática a través de un uso continuo y astuto de las redes sociales. Sintomáticamente, el partido y la ideología tienen aquí poca importancia. Lo que cuenta es fijar la mirada en la relación improvisada entre la multitud y el líder en los tiempos de la personalización de la política y del *smartphone*.

Demos la palabra al escritor Ivan Carozzi, que en un artículo en *Il Post* describe así la escena de Teramo definiéndola como ejemplar «de la relación entre poder, masas y tecnología»:

> Salvini sale a la calle y encuentra, a derecha y a izquierda, dos hileras de multitudes controladas por un doble cordón de policía. Se trata de personas que están esperando para hacerse un *selfie*. Salvini está más que preparado, pues la misma escena se

repite probablemente por todas partes desde hace ya un tiempo. Salvini es ya un experto en *selfies* y se ha convertido en un auténtico maestro de ceremonias. Gesticula y da indicaciones técnicas en voz alta, con desenvuelta decisión; aprovecha la ocasión para hacer una broma sobre la «izquierda», y después pide a las personas que están en la fila que preparen sus teléfonos móviles. Dice: «Preparad los móviles». Después se acerca al primer grupo, indica dónde se tiene que ir una vez se ha disparado la foto y coge a cada uno el teléfono directamente de la mano, con una cierta brutalidad, después encuadra, sonríe y dispara. Llega incluso a irritarse con los que llegan sin el teléfono «preparado». Algunos se le acercan y le susurran algo a los oídos. Mientras tanto las fuerzas del orden proceden para que la ceremonia se desarrolle sin incidentes.[1]

En el vídeo del acontecimiento, disponible en YouTube, se ve a una multitud que en cuanto aparece el líder saliendo de un edificio público grita su nombre casi al unísono: «¡Salvini, Salvini!». Pero más que celebrar su poder o manifestar un consenso entusiasta, quiere sobre todo llamar su atención. Quiere un buen encuadre para fotografiarlo con los *smartphones* que está empuñando. Brazos que se levantan con el móvil en mano, simultáneamente, como si fuesen los brazos de un solo cuerpo. Como si en este cuerpo, en cuyas mil extremidades aparecen los teléfonos móviles, se produjese una representación peculiar. Se ven caras, pero más brazos y teléfonos que caras. La multitud excitada se mimetiza en una coreografía, una disposición ordenada y coordinada de los gestos y de los clics de los disparos fotográficos, del todo peculiar, pero también familiar. Como sugiere Carozzi, no hemos llegado aún al momento

1.   I. Carozzi, «Preparate i telefoni», *Il Post*, 8 de enero de 2019, https://www.ilpost.it/ivancarozzi/2019/01/08/preparate-i-telefoni/.

culminante del acontecimiento. La culminación es el *selfie*. El líder desciende entre la multitud y, por turnos, poniéndose en posición y gestionando la fila que está esperando, concede a cada uno inmortalizarse con él en una imagen. Las caras tienen una sonrisa más beata que forzada. Una especie de felicidad, una intensa satisfacción, la prueba tangible de una autorrealización. En la escena hay una naturalidad que sobrepasa la artificialidad del medio: como si fuese una ramificación del cuerpo, el medio tecnológico es incorporado en el gesto, naturalizado. También hay, obviamente, apretones de manos, palmadas en el hombro y abrazos, residuo de viejas costumbres de un tiempo pasado, cuando la culminación de la relación entre el líder y la multitud estaba en el hecho de tocar. Pero el hecho de tocar, aunque aún es emocionante, aparece actualmente como aquello que es: transitorio, fugaz y breve, narrable pero no transmisible. La imagen del *selfie*, en cambio, es para siempre y, difundida por las redes sociales, está inmediatamente por todas partes. Aunque la ceremonia sea colectiva, cada uno obtiene egoístamente alguna cosa para sí mismo, es más, obtiene un sí mismo de forma duradera, compartida en red y por eso mismo hipervisible, en la fotografía que inmortaliza su relación personal —íntima— con el líder. Prácticamente como si la individualidad narcisista hoy en día fuese, paradójicamente, el elemento estructural de la masa.

En efecto, se titubea en llamarla masa, e incluso hay buenos motivos para no llamarla multitud. Más bien se trata de una multitud especial, sorprendentemente coreográfica, emocionalmente sincronizada, compuesta por sujetos narcisistas que enfatizan la individualidad. Una individualidad que se pone al lado de otras, imitando los mismos gestos e incubando los mismos deseos, pero que en el momento del gozo, de la celebración de la relación del sí mismo con el líder, permanece aislada e inconexa, concentrada toda ella en el acto de autoinmortalizarse. Se titubea también en cualificarla como multitud genuinamente política porque la modalidad de su comportamiento, más allá de las pasiones políticas que puedan agitarla, no nace en lo más mínimo de un ámbito político, sino que sigue, como se sabe, el modelo de la relación de los fans con las celebridades del mundo del espectáculo, de la televisión, del cine y de la música pop. En la época de la política personalizada y de los *social media*, es decir, en la época de la espectacularización continua de la política, el líder político es, antes que nada, una *celebrity*. Sabe que, incluso cuando camina por la calle, el «pueblo del *selfie*» está al acecho. Un pueblo vario y difuso, transnacional y transgeneracional. De gente mayor y de jóvenes, y también de hombres y mujeres, cada uno por sí mismo y aún así todos iguales porque tienen en común el mismo deseo y el mismo derecho: el derecho al *selfie*. La llamada «sociedad horizontal» creada por los *social media*, intolerante con todas las jerarquías, las elimina enfatizando la relación personal con el líder, el cual es capturado horizontalmente en una foto de pareja, mejor aún, en innumerables fotos de pareja reiterativas pero individualizadas.

Teniendo en consideración que el concepto de narcisismo es demasiado genérico para definir la peculiaridad del fenómeno, el lenguaje sociológico propone el término «vitrinización».[2] Empujado por el deseo de aparecer en una imagen potencialmente visible en el mundo entero, o bien por reservar para sí mismo aquella visibilidad en red que es sinónimo de existencia, el individuo se mete en una vitrina y aumenta la visibilidad de esta vitrina precisamente inmortalizándose junto a personajes célebres que gozan de una tasa alta de vitrinización. Por su parte, el líder político que con-

2. Véase V. Codeluppi, *Mi metto in vetrina. Selfie, Facebook, Apple, Hello Kitty, Renzi e altre «vetrinizzazioni»*, Milán, Mimesis, 2015.

siente con agrado los *selfies* como un elemento obvio de su autopromoción, generalmente es un experto filmando vídeos en esta modalidad, que se cuelgan después en las redes para comunicarse con sus seguidores cara a cara, por decirlo de algún modo. La relación principal entre el líder y la multitud sucede sustancialmente en la forma directa e individualizante del *selfie*. Una relación vitrinizada que requiere conexión pero no implica relación. Lo que sí que cuenta es la imagen, todo lo demás está en un segundo plano y conspira para su obtención. La imagen es lo inauténtico que decide sobre la realidad de la situación.

Barack Obama, en octubre de 2017, durante un encuentro público en Chicago, comunicó que, contrariamente a sus hábitos, no se prestaría más a la liturgia del *selfie*. «Las personas que encuentro ya no me miran a los ojos» —se justificaba— y «se acercan a mí solamente así», añadió, imitando el gesto del móvil manejado para la autofoto. Quien concentra toda su atención en el manejo de la cámara del *smartphone* bloquea su capacidad de conversar con los otros, de reconocerlos y escucharlos, concluyó el expresidente de los Estados Unidos, y sobre todo «contribuye a crear algo que lo separa de los otros en lugar de profundizar la relación con ellos». El argumento es convincente y, en cierto sentido, capta perfectamente el meollo del asunto. Las multitudes del *selfie* son multitudes individualistas en alto grado y estructuralmente inconexas. El estar juntos en un mismo espacio no se traduce como una forma de relación y, aún menos, como una experiencia de la pluralidad. Precisamente el énfasis narcisista sobre el sí mismo que la caracteriza hace que estas multitudes no se traduzcan ni siquiera en una masa indistinta y de fusión, incluso si los gestos iguales y sincrónicos que realizan parecen sugerirlo. Se trata, plausiblemente, de un interesante ejemplo de «intimidad pública», o bien de una subjetividad replegada hacia sí misma, concentrada en documentar una relación íntima y personal con el líder, vitrinizándolo en público.

Se puede encontrar en las redes una fotografía emblemática, y también muy extraña e inquietante, tomada durante la campaña electoral de Hillary Clinton en septiembre de 2016.[3] Estamos en Florida y Hillary Clinton, sonriente, entra en la sala y, una vez sobre la tarima, levanta el brazo para saludar a sus numerosos seguidores, de los que la separa una barandilla para contener a la multitud. Esta se encuentra formada en su mayoría por mujeres jóvenes que, simultáneamente, dan la espalda a Hillary Clinton y levantan los *smartphones* para disparar un *selfie* que las retrate con ella. Técnicamente es la barandilla de separación la que impide a sus simpatizantes acercarse a la candidata para disparar un *selfie* en la modalidad apropiada. Pero la genial solución de darle la espalda para poder salir ellas mismas con ella en la misma autofoto resuelve el problema. Hillary Clinton lo aprecia, evidentemente, porque llegado el momento se pone de espaldas al público y blandiendo el móvil dispara también ella misma su *selfie*.

La escena es verdaderamente desconcertante porque no solo contradice la típica relación de contigüidad corpórea requerida por quien se hace un *selfie* con otra persona, sino porque invierte, niega y rechaza la típica relación «cara a cara» de la multitud con el líder. El «pueblo del *selfie*», en este caso, es un pueblo que da la espalda al líder, más concretamente, le muestra la espalda multiplicando por dos, de manera plástica, la ausencia de relación. El líder, a su vez, imita y reitera el gesto. Lo que ocurre en primer plano con esta multitud, incluso visualmente, por no decir dramáticamente, es el deseo de

3. Véanse las imágenes en http://repubblica.it/speciali/esteri/presidenziali-usa2016/2016/09/26/foto/usa_campagna_nell_era_del_selfie_la_folla_volta_le_spalle_a_hillary-148550124.

inmortalizar una relación imaginaria de intimidad pública con el líder, es decir, una relación que, si bien es desmentida por la posición de dar la espalda, adquiere forma y duración —se podría decir: realidad y sustancia— en esta fotografía que el gesto simultáneo y sincronizado de individualidades narcisistas, excitadas por la vitrinización, ha concebido al disparar. Más que dramática, como podría parecerle a quien viese la escena desde fuera, la situación es bastante alegre y divertida. Incluso en esta versión, donde la multitud da la espalda y obliga al líder a saludar a las espaldas mismas, la liturgia de los *selfies* es una ceremonia festiva.

Si es verdad, como dice Ivan Carozzi, que el fenómeno del *selfie* con el líder político revela muchos aspectos de la relación actual «entre poder, masas y tecnología», también es verdad que el «sujeto colectivo» aglomerado en la escena descrita más arriba, más que a una masa se parece a una multitud altamente individualizada y al mismo tiempo perfectamente mimética en su gesto sincrónico de vitrinizarse. Es cierto que no se trata de una pluralidad. Prueba de esto es el hecho de que el mismo acto de participar —si queremos utilizar aún este verbo—, ya despojado de su carácter de relación interactiva, soporta incluso la postura de espaldas, la interrupción de cualquier contacto visual «cara a cara», sustituido por el dispositivo personal de la pantalla que refleja y confecciona, materializa e inmortaliza, la relación de intimidad pública de cada uno con el líder. Por otra parte, no es casual que la multitud del *selfie* tenga su particular y distinta fonosfera, caracterizada por el sonido de los clic que dan ritmo al ruido compuesto por voces, llamadas y comentarios, chillidos de alegría y risitas. Obviamente no se trata de una armonía, pero tampoco de una cacofonía y, aún menos, de una plurifonía. Más bien se trata del barullo sonoro y festivo de una excitación general e individual, una especie de frenesí muy intenso

y sin embargo breve: porque el líder, poco después, se va inexorablemente y la multitud se dispersa. O bien se desplaza ve-
lozmente para disparar un *selfie* con otro personaje público
famoso que ha aparecido al mismo tiempo. Muchas veces son
los chillidos de excitación de los primeros que han visto al
nuevo personaje los que funcionan como señal acústica. Como
la pista sonora de un recorrido de vitrinización a seguir, el
griterío de alerta de los primeros avistadores señala al pueblo
de los *selfies* el advenimiento de una nueva ocasión para inmortalizar al sí mismo con una ulterior pareja célebre. Para las
individualidades narcisistas se abre de nuevo el juego de los
espejos. Por otra parte, es evidente que el protagonista de todo
el asunto es el ojo, con sus juegos espectaculares, y no el oído.
Hay incluso una coreografía luminosa muy peculiar, una danza
móvil y coordinada de luces en la alineación de las pequeñas
pantallas que se encienden.

Está muy difundida la opinión de que los *social media* ali-
mentan e incrementan el fenómeno populista y de que son el
signo verdadero de la época. La novedad tecnológica introdu-
cida por los *selfies* da una nueva configuración a la multitud
neopopulista en su relación con el líder, exacerbando su carácter individualista. El contexto incluso se podría definir por
su notable efecto de democratización, ya que cada uno libre-
mente configura, confecciona y toma la imagen de su intimidad pública con el líder y la difunde en las redes. En otros
términos, con esta gestión autónoma y, para decirlo de algún
modo, creativa, concedida horizontalmente a todos, de la imagen y de su difusión, cada uno comunica con una platea potencialmente intensa, sustituyendo de este modo el poder de
los medios de comunicación tradicionales, controlados por
una élite de expertos «manipuladores». Hacer un *selfie* y col-
garlo en las redes es técnicamente fácil, está al alcance de todos.
Es la apoteosis democrática del «hágalo usted mismo», sin in-

tromisiones y sin intermediarios. La autocelebración en red, la vitrinización del sí mismo respecto a los innumerables otros, como quizás señalaría Arendt, evidentemente ha suplantado la pasión de destacar *entre* los otros. Y el nuevo dispositivo finalmente le ha dado al pueblo de las caras una forma de publicar su felicidad privada.